PLANOS DE SAÚDE
NOS TRIBUNAIS

ANTONIO CARLOS SANTORO FILHO

PLANOS DE SAÚDE NOS TRIBUNAIS

2ª edição revista, atualizada e ampliada
2019
São Paulo – SP

Verlu Editora

Antonio Carlos Santoro Filho

© Antonio Carlos Santoro Filho
© Verlu Editora

Capa, edição digital e revisão
Verlu Castellano Jacob

Ficha Catalográfica

Santoro Filho, Antonio Carlos.

Planos de Saúde nos Tribunais/ Antonio Carlos Santoro Filho. 2ª edição revisada e atualizada e ampliada. São Paulo: Verlu Editora, 2019.

Reservada a propriedade literária desta publicação e todos os direitos para Língua Portuguesa para Verlu Castellano Jacob Editora.

Tradução e reprodução proibidas, total ou parcialmente, conforme a Lei n. 9.610, de 19 de fevereiro de 1998.

Verlu Editora.
Rua Vergueiro, n. 3142, cj. 22
CEP – 04101-300 – São Paulo-SP
Site: **www.verlueditora.com**
e-mail: **verlu@verlueditora.com**

APRESENTAÇÃO DO AUTOR

Antonio Carlos Santoro Filho é autor dos livros:

O Visitante – exclusividade da Amazon, livro digital, 2ª edição (Verlu Editora, 2019)

Direito e Saúde Mental – exclusividade da Amazon – livro digital (Verlu Editora, 2019)

Teoria do Crime - exclusividade da Amazon nas versões digital e impressa (Verlu Editora, 2019)

Tipicidade e Imputação Objetiva no Direito Penal Brasileiro - livro digital (Verlu Editora, 2016);

Princípios Elementares de Direito Criminal - livro digital (Verlu Editora, 2016);

Estudos de Processo Penal - livro digital (Verlu Editora, 2015)

Antonio Carlos Santoro Filho

O Visitante - livro digital (Verlu Editora, 2014);

Planos de Saúde nos Tribunais - livro digital (Verlu Editora, 2014);

Direito e Saúde Mental - livro digital (Verlu Editora, 2014);

O Sentido de Ser Pessoa - livro digital (Verlu Editora, 2013);

Direito e Saúde Mental - livro impresso (Verlu Editora, 2012);

O Sentido de Ser Pessoa - livro impresso (Verlu Editora, 2011);

Medidas Cautelares no Processo Penal - livro impresso (Letras Jurídicas, 2011);

Teoria da Imputação Objetiva-livro impresso (Ma-

lheiro, 2007);

Fundamentos de Direito Penal-livro impresso (Malheiros, 2003);

Teoria do Tipo Penal- livro impresso (LED, 2001);

Bases Críticas do Direito Criminal- livro impresso (LED, 2000)

Santoro também é autor de muitos artigos jurídicos e filosóficos.

Antonio Carlos Santoro Filho é graduado em Direito pela Universidade de São Paulo com especialização em Direito Penal e Criminologia.

Pós-Graduado em Direito Penal pela Escola Paulista da Magistratura.

Juiz de Direito no Estado de São Paulo desde 1995.

Antonio Carlos Santoro Filho

Integrou a comissão editorial dos Cadernos Jurídicos da Escola Paulista da Magistratura de 2005 a 2014.

REDES SOCIAIS DO AUTOR:

Página do livro no Facebook:
https://www.facebook.com/ovisitante

Página do autor no Facebook:
https://www.facebook.com/SantoronaComunidadeVerluEditora

Twitter do autor:
https://twitter.com/SANTORO_FILHO

SUMÁRIO

Introdução
1. Alegação de doença pré-existente.
2. Aposentadoria e aplicação do art. 31, da Lei 9.656/98.
3. Autismo – Método ABA.
4. Cancelamento unilateral e notificação.
5. Carência – Urgência e Emergência.
6. Carência – UTI Neonatal.
7. Cirurgia Bucomaxilo-Facial
8. Cirurgia de coluna – Prótese enxerto.
9. Contratos antigos, CDC e Lei 9.656/98.
10. Cooperativa Médica – Rateio de prejuízo entre os cooperados
11. Dano moral em razão de negativa de cobertura.
12. Descredenciamento de Hospital.
13. Erro Médico.
14. Fisioterapia e Tratamento Multidisciplinar.
15. Home Care.
16. Início de vigência.
17. Internação psiquiátrica – limitação de dias.
18. Legitimidade ativa do beneficiário.
19. Material Cirúrgico.

20. Medicamento em regime ambulatorial.
21. Medicamento off label.
22. Médico não conveniado.
23. Migração e portabilidade – carência.
24. Migração de plano coletivo para individual.
25. Obesidade Mórbida – Cirurgia Reparadora.
26. Plano coletivo – resilição unilateral imotivada.
27. Próteses mamárias – mastectomia.
28. Prótese peniana.
29. Quimioterapia.
30. Reajuste por faixa etária de idoso.
31. Reajuste aos 59 anos.
32. Reajuste por sinistralidade.
33. Reembolso – Limitação contratual
34. Reprodução assistida.
35. Sistema Nacional Unimed.
36. Tratamento experimental.
37. Transplante de órgãos.
38. Unimed Rio – Golden Cross
39 Súmulas do STJ.
40. Súmulas do TJSP.
41. Súmulas do TJRJ.
Lei 9.656 de 03 de junho de 1998.
Notas de Rodapé

INTRODUÇÃO

Este pequeno trabalho não tem pretensões doutrinárias ou de elaboração teórica; ao contrário, trata-se de breve estudo, de conteúdo eminentemente prático – realizado, principalmente, a partir de nossa experiência como Juiz Titular de Vara Cível da comarca da Capital -, destinado a compilar o entendimento jurisprudencial dominante – especialmente no Tribunal de Justiça do Estado de São Paulo e Superior Tribunal de Justiça – sobre os temas mais atuais relativos aos planos de saúde, de forma a proporcionar facilidade de entendimento, acesso e utilização não apenas aos operadores do Direito, mas a todos – especialmente os usuários - aqueles que têm algum interesse pela matéria.

Em razão desta finalidade prática, evitamos o aprofundamento dos comentários aos temas e a remissão a obras doutrinárias, tendo preferido, sempre que possível, a transcrição de julgados, que a nosso ver são autoexplicativos.

As questões estão elencadas em ordem alfabética, o que facilita a pesquisa por palavra-chave.

Ao final dos temas compilamos as súmulas do STJ e dos Tribunais de Justiça dos Estados de São Paulo (TJSP) e Rio de Janeiro

(TJRJ) sobre planos de saúde e disponibilizamos, na íntegra, a Lei n. 9.656 de 03 de junho de 1998, com todas as suas alterações.

Para dúvidas, debates, sugestões e críticas, fica disponível o contato do autor: santoro@direitoefilosofia.com .

1 - ALEGAÇÃO DE DOENÇA PRÉ-EXISTENTE

Incabível a recusa à cobertura sob a alegação de doença pré-existente quando não realizado exame prévio pela seguradora, e nada havendo nos autos a indicar que conhecia o segurado a existência *prévia* da *doença*.

Assim é porque constitui dever da fornecedora dos serviços perscrutar as reais condições de saúde do consumidor, inclusive, se a hipótese, sujeitando-o a exames clínicos e laboratoriais, pois o usuário, em regra, desconhece os termos e a sua própria condição médica, e, evidentemente, não tem o pleno conhecimento de eventuais males de que é portador.

Como é cediço, a má-fé não se presume, de forma que a ausência de cautela da operadora não pode ser transferida para a responsabilidade do beneficiário, parte manifestamente hipossuficiente, no sentido técnico, da relação.

Neste sentido a orientação pacífica da jurisprudência do Tribunal de Justiça do Estado de São Paulo. A título de ilustração:

> "COBRANÇA - Seguro saúde - Reembolso de despesas de internação - Recusa da seguradora sob alegação de tratar-se de doença pré-existente à contratação - Inadmissibilidade - Relatório médico informando que a causa da internação não estava relacionada com a patologia gástrica prévia - Inexistência de exame

preliminar para verificar as condições de saúde do segurado - Má-fé não comprovada - Verba devida - Recurso não provido". (Apelação Cível n.º 282.829-1 - Ribeirão Pires - 8ª Câmara de Direito Privado - Relator: Debatin Cardoso - 17.09.97 - V.U. 745/469/6);

"SEGURO DE SAÚDE - Exclusão de doenças pré-existente - Exclusão de cobertura da AIDS e suas consequências - Ausência de prova de que o segurado omitiu-se dolosamente ou mesmo de que tivesse conhecimento de ser portador de doença à época da contratação - Cláusula contratual sem o devido destaque - Inobservância das regras do Código de Defesa do Consumidor que impõem ao fornecedor o deve de inserir destaque nas cláusulas limitativas do direito - Recurso improvido".(Apelação Cível n.º 65.019-4 - São Paulo - 8ª Câmara de Direito Privado - Relator: César Lacerda - 31.03.99 - V.U.);

"SEGURO SAÚDE - Doença pré-existente à contratação do seguro - Falta de provas da alegada má-fé dos beneficiários - Seguradora que não exigiu o preenchimento de um formulário minucioso e nem reclamou um exame médico especial - Custeio do tratamento médico-hospitalar - Procedência - Recurso não provido". (Apelação Cível n. 93.308-4 - São Paulo - 4ª Câmara de Direito Privado - Relator: Cunha Cintra - 24.02.00 - V.U.).

AÇÃO DE COBRANÇA - Plano de Saúde - Ressarcimento de despesas referentes a internação - Alegação de doença preexistente, havendo exclusão da cobertura - Inexistência de prova do conhecimento prévio da doença - Exame prévio de admissão não realizado - Ação improcedente Apelação não provida. (TJSP – 18ª Câm. – Ap. n. 01216441820118260100 – Rel. Roque Antonio Mesquita de Oliveira – j. 21.3.2012).

PLANO DE SAÚDE - Negativa de cobertura das despesas decorrentes de internação da filha dos autores em razão de quadro de dispneia - Pleito cumulado com indenização por danos morais - Ação precedida de medida cautelar - Procedência decretada - Alegação da ré de ausência de cumprimento do prazo de carência por se tratar de doença preexistente - Descabimento - Preexistência não evidenciada - Declaração do pediatra da menor atestando a inexistência de diagnóstico anterior da doença que a acometeu - Ausência, ademais, de pedido de exame prévio Risco assumido pela seguradora - Dano moral - Não ocorrência – Recusa baseada em cláusula contratual - Obrigação de reparar dano moral configurada, pela recusa de atendimento injustificada - Recurso desprovido. (TJSP – 9ª Câm. – Ap. 01306395920078260003 – Rel. Galdino Toledo Júnior – j. 10.4.2012)

PLANO DE SAÚDE. AÇÃO DE OBRIGAÇÃO DE FAZER, C.C. INDENIZAÇÃO POR DANOS MORAIS. Recusa de custeio de exame de cintilografia óssea e tratamento de quimioterapia para a autora, diagnosticada com carcinoma de mama invasivo. Alegação de doença preexistente e ausência de previsão no rol da ANS. Parcial procedência. Preliminar. Pedido de concessão de efeito suspensivo que não merece acolhida, a teor do artigo 1.012, § 1º, V, do CPC/2015 e porque a providência é ineficaz para os recursos que já estão sendo julgados. Mérito. Negativa abusiva. Operadora que não realizou exames prévios para aferir as reais condições de saúde da requerente no momento da contratação. Procedimento que integra o tratamento da doença coberta pelo contrato. Inteligência das Súmulas nºs. 96, 102 e 105 deste E. Tribunal de Justiça. Verba recursal majorada de R$ 500,00 para R$ 1.000,00. Sentença mantida. RECURSO DESPROVIDO. (TJSP; Apelação Cível 1004058-29.2017.8.26.0650; Relator(a): Paulo Alcides; Órgão Julgador: 6ª Câmara de Direito Privado; Foro de Valinhos - 3ª Vara; Data do Julgamento: 09/08/2018; Data de Registro: 09/08/2018)

INDENIZAÇÃO SECURITÁRIA – Sentença de parcial procedência. APELO DA RÉ CIA EXCELSIOR – Prescrição que não se consumou – Aplicabilidade do prazo previsto no art. 205,

> do CC - Não prevalece a negativa de cobertura por doença pré-existente na falta de prévio exame médico ou de demonstração de má-fé do segurado – Danos morais bem reconhecidos, diante dos inúmeros entraves desnecessariamente impostos à viúva na persecução de seu direito. Sentença mantida – RECURSO DESPROVIDO. (TJSP; Apelação Cível 1002685-06.2016.8.26.0453; Relator (a): Fábio Podestá; Órgão Julgador: 5ª Câmara de Direito Privado; Foro de Pirajuí - 1ª Vara; Data do Julgamento: 30/01/2019; Data de Registro: 01/02/2019)

Este entendimento foi sintetizado pela súmula 105 do TJSP:

> Súmula 105: Não prevalece a negativa de cobertura às doenças e às lesões preexistentes se, à época da contratação de plano de saúde, não se exigiu prévio exame médico admissional.

A mesma orientação vem sendo adotada pelo E. Superior Tribunal de Justiça:

> PLANO DE SAÚDE. OBESIDADE MÓRBIDA. GASTROPLASTIA. ALEGAÇÃO DE DOENÇA PRÉ-EXISTENTE. PRAZO DE CARÊNCIA. AUSÊNCIA DE PREQUESTIONAMENTO.
>
> 1. "O ponto omisso da decisão, sobre o qual não foram opostos embargos declaratórios,

não pode ser objeto de recurso extraordinário, por faltar o requisito do prequestionamento" (Súmula 356/STF).

2. A gastroplastia, indicada como tratamento para obesidade mórbida, longe de ser um procedimento estético ou mero tratamento emagrecedor, revela-se como cirurgia essencial à sobrevida do segurado, vocacionada, ademais, ao tratamento das outras tantas co-morbidades que acompanham a obesidade em grau severo. Nessa hipótese, mostra-se ilegítima a negativa do plano de saúde em cobrir as despesas da intervenção cirúrgica.

3. Ademais, não se justifica a recusa à cobertura de cirurgia necessária à sobrevida do segurado, ao argumento de se tratar de doença preexistente, quando a administradora do plano de saúde não se precaveu mediante realização de exames de admissão no plano, sobretudo no caso de obesidade mórbida, a qual poderia ser facilmente detectada.

4. No caso, tendo sido as declarações do segurado submetidas à apreciação de médico credenciado pela recorrente, por ocasião do que não foi verificada qualquer incorreção na declaração de saúde do contratante, deve mesmo a seguradora suportar as despesas decorrentes de gastroplastia indicada como tratamento de obesidade mórbida.

5. Recurso não provido.

(REsp 980.326/RN, Rel. Ministro LUIS FELIPE SALOMÃO, QUARTA TURMA, julgado em 01/03/2011, DJe 04/03/2011)

DIREITO CIVIL E CONSUMIDOR. SEGURO SAÚDE. CONTRATAÇÃO ANTERIOR À VIGÊNCIA DA LEI 9.656/98. DOENÇA PRÉ-EXISTENTE. OMISSÃO IRRELEVANTE.

LONGO PERÍODO DE SAÚDE E ADIMPLEMENTO CONTRATUAL ANTES DA MANIFESTAÇÃO DA DOENÇA.

- As disposições da Lei 9.656/98 só se aplicam aos contratos celebrados a partir de sua vigência, bem como para os contratos que, celebrados anteriormente, foram adaptados para seu regime. A Lei 9.656/98 não retroage para atingir o contrato celebrado por segurados que, no exercício de sua liberdade de escolha, mantiveram seus planos antigos sem qualquer adaptação.

- O segurado perde direito à indenização, nos termos do art. 766, CC/2002, (art. 1.444/CC1916) se tiver feito declarações inverídicas quando poderia fazê-las verdadeiras e completas. E isso não se verifica se não tiver ciência de seu real estado de saúde. Precedentes.

- Excepcionalmente, a omissão do segurado não é relevante quando contrata seguro e mantém vida regular por vários anos, demonstrando que possuía, ainda, razoável estado de saúde quando da contratação da apólice.

- Aufere vantagem manifestamente exagerada, de forma abusiva e em contrariedade à boa-fé objetiva, o segurador que, após longo período recebendo os prêmios devidos pelo segurado, nega cobertura, sob a alegação de que se trata de doença pré-existente.

Recurso Especial provido.

(REsp 1080973/SP, Rel. Ministra NANCY AN-DRIGHI, TERCEIRA TURMA, julgado em 09/12/2008, DJe 03/02/2009).

2 - APOSENTADORIA E APLICAÇÃO DO ARTIGO 31 DA LEI 9.656/98.

Efetivada a contribuição por ao menos dez anos, em decorrência de vínculo empregatício, a plano de saúde ou produto, serviço e contrato de garantia de cobertura financeira de riscos de assistência médica, hospitalar e/ou odontológica, teria o segurado, quando da aposentadoria, o direito de *manter*, mediante o pagamento integral, a qualidade de beneficiário, nas *mesmas condições* de cobertura que gozava quando da vigência do contrato de trabalho.

O direito à manutenção aplicar-se-ia ainda que o funcionário, após a aposentadoria, continuasse a trabalhar na estipulante, e mesmo que o pagamento, enquanto mantida a relação empregatícia, fosse integralmente arcado pela empregadora, pois tal benefício compõe salário indireto.

Este o posicionamento mantido pela Justiça Paulista, durante longo período:

> PLANO DE SAÚDE. Prescrição. Inocorrência. Hipótese de modalidade contratual distinta da típica relação securitária. Aplicação da regra geral da prescrição das ações pessoais. Autor que, aposentado, continuou empregado na empresa, até a dispensa sem justa causa. Aplicação do disposto no art. 31, caput, da Lei nº 9.656/98 (alterada pela Medida Provisória nº

2.177-44/01). Contribuição para o plano coletivo por mais de dez anos verificada. Hipótese de manutenção do seguro de saúde, nas mesmas condições de que gozava quando da vigência do contrato de trabalho, assumindo integralmente o pagamento das parcelas devidas. Surgimento de vínculo direto entre as partes litigantes verificado. Requerida que, a despeito da rescisão do contrato de seguro em grupo estabelecido com a ex-empregadora do autor, deve mantê-lo como beneficiário de tal contrato. Contrato de seguro que possui singularidades, devendo observar o princípio da dignidade humana. Ação procedente. Sentença mantida. Recurso desprovido (TJSP – 1ª Câm. – Ap. n. 00077691320108260001 – Rel. Luiz Antonio de Godoy – j. 21.8.2012).

PLANO DE SAÚDE. Autor aposentado que, em seguida, é demitido sem justa causa e que contribuiu por mais de dez anos com o plano oferecido pela sua ex-empregadora. Negativa do plano de saúde. Sentença de procedência. Apelação das partes. Direito do autor em continuar nas mesmas condições que gozava outrora, enquanto empregado do Banco Bradesco S.A. assumindo o pagamento integral das prestações, com base no custo dos empregados que estão em atividade. Hipótese do art. 31 da Lei nº 9656/98. Contribuição direta ou indireta do empregado porque já se entendeu que o plano pago pela empregadora nada mais é do que salário indireto. Recurso da ré não provido, dando-se provimento ao recurso do autor, com observação. (TJSP – 4ª Câm. – Ap. n. 03655002820098260000 – Rel. Fábio Quadros – j. 30.8.2012).

> PLANO DE SAÚDE - Plano Coletivo - Autor que se aposentou, mas continuou a trabalhar na empresa - Sentença de improcedência com fundamento na Resolução nº 21 do CONSU – Afastamento - Ausência de previsão de prazo na Lei nº 9.656/98 - Resolução administrativa que não pode restringir direitos - Aplicação do Código de Defesa do Consumidor - Oferecimento, pela operadora, de plano individual com condições diversas e custos mais elevados – Inviabilidade - Inteligência do art. 31 da Lei nº 9.656/98 - Valor do prêmio que deve ser pago pelo autor Recurso provido (TJSP – 5ª Câm. – Ap. n. 00183301720108260577 – Rel. Moreira Viegas – j. 26.9.2012).

O entendimento, aliás, está sedimentado pela súmula n. 104 do TJSP:

> Súmula 104: A continuidade do exercício laboral após a aposentadoria do beneficiário do seguro saúde coletivo não afasta a aplicação do art. 31 da Lei n. 9.656/98.

Orientação um tanto quanto distinta, todavia, foi fixada pelo

Superior Tribunal de Justiça em sede de recurso repetitivo, ao recusar a natureza de salário indireto do plano de saúde quando arcado com exclusividade pelo empregador:

> RECURSO ESPECIAL REPETITIVO. CIVIL. PLANO DE SAÚDE COLETIVO EMPRESARIAL. EX-EMPREGADO APOSENTADO OU DEMITIDO SEM JUSTA CAUSA. ASSISTÊNCIA MÉDICA. MANUTENÇÃO. ARTS. 30 E 31 DA LEI Nº 9.656/1998. REQUISITOS NÃO PREENCHIDOS. CONTRIBUIÇÃO EXCLUSIVA DO EMPREGADOR. VIGÊNCIA DO CONTRATO DE TRABALHO. COPARTICIPAÇÃO DO USUÁRIO.
>
> IRRELEVÂNCIA. FATOR DE MODERAÇÃO. SALÁRIO INDIRETO. DESCARACTERIZAÇÃO.
>
> 1. Tese para os fins do art. 1.040 do CPC/2015: Nos planos de saúde coletivos custeados exclusivamente pelo empregador não há direito de permanência do ex-empregado aposentado ou demitido sem justa causa como beneficiário, salvo disposição contrária expressa prevista em contrato ou em acordo/convenção coletiva de trabalho, não caracterizando contribuição o pagamento apenas de coparticipação, tampouco se enquadrando como salário indireto.
>
> 2. No caso concreto, recurso especial provido.
>
> (REsp 1680318/SP, Rel. Ministro RICARDO VILLAS BÔAS CUEVA, SEGUNDA SEÇÃO, julgado em 22/08/2018, DJe 24/08/2018)

RECURSO ESPECIAL REPETITIVO. CIVIL. PLANO DE SAÚDE COLETIVO EMPRESARIAL. EX-EMPREGADO APOSENTADO OU DEMITIDO SEM JUSTA CAUSA.ASSISTÊNCIA MÉDICA. MANUTENÇÃO. ARTS. 30 E 31 DA LEI Nº 9.656/1998. REQUISITOS NÃO PREENCHIDOS. CONTRIBUIÇÃO EXCLUSIVA DO MPREGADOR. VIGÊNCIA DO CONTRATO DE TRABALHO. COPARTICIPAÇÃO DO USUÁRIO.IRRELEVÂNCIA. FATOR DE MODERAÇÃO. SALÁRIO INDIRETO. DESCARACTERIZAÇÃO.

1. Tese para os fins do art. 1.040 do CPC/2015: Nos planos de saúde coletivos custeados exclusivamente pelo empregador não há direito de permanência do ex-empregado aposentado ou demitido sem justa causa como beneficiário, salvo disposição contrária expressa prevista em contrato ou em acordo/convenção coletiva de trabalho, não caracterizando contribuição o pagamento apenas de coparticipação, tampouco se enquadrando como salário indireto.

2. No caso concreto, recurso especial provido. (REsp 1708104/SP, Rel. Ministro RICARDO VILLAS BÔAS CUEVA, SEGUNDA SEÇÃO, julgado em 22/08/2018, DJe 24/08/2018)

Há de se observar, ainda, que, conforme recentemente decidido pelo STJ, não há direito adquirido ou ato jurídico perfeito quanto ao *regime de custeio* do plano de saúde de aposentado, podendo a operadora, inclusive, estabelecer carteiras distintas para os ativos e inativos:

> AGRAVO INTERNO NO RECURSO ESPECIAL. CIVIL. PLANO DE SAÚDE COLETIVO EMPRESARIAL. EX-EMPREGADO APOSENTADO. DIREITO ADQUIRIDO. INEXISTÊNCIA. REGIME DE CUSTEIO DIVERSO. POSSIBILIDADE. DIVISÃO DE CATEGORIAS. ATIVOS E INATIVOS. OPÇÃO DA OPERADORA. REQUISITOS LEGAIS. OBSERVÂNCIA.
>
> 1. Recurso especial interposto contra acórdão publicado na vigência do Código de Processo Civil de 1973 (Enunciados Administrativos nºs 2 e 3/STJ).
>
> 2. Mantidos a qualidade e o conteúdo de cobertura assistencial do plano de saúde, não há direito adquirido a modelo de custeio, devendo-se evitar a onerosidade excessiva ao usuário e a discriminação ao idoso.
>
> 3. É possível ao ex-empregador (i) manter os seus ex-empregados - demitidos sem justa causa ou aposentados - no mesmo plano de saúde em que se encontravam antes do encerramento do contrato de trabalho ou (ii) contratar um plano de saúde exclusivo para eles (art. 13 da RN nº 279/2011 da ANS).
>
> 4. A opção da operadora por separar as categorias entre ativos e inativos também se mostra adequada para dar cumprimento às disposições legais, visto que há garantia ao empregado aposentado ou demitido de manutenção das mes-

mas condições de assistência à saúde, e, por princípio, em valores de mensalidade abaixo dos praticados no mercado, não havendo obrigatoriedade de que o plano de saúde coletivo seja uno, sobretudo com relação ao regime de custeio.

5. Agravo interno não provido. (AgInt no REsp 1670801/SP, Rel. Ministro RICARDO VILLAS BÔAS CUEVA, TERCEIRA TURMA, julgado em 06/02/2018, DJe 14/02/2018).

3 – AUTISMO: MÉTODO ABA

Sobre o autismo e terapia ABA, disserta Sabrina Ribeiro: "O autismo é uma condição crônica, caracterizado pela presença de importantes prejuízos em áreas do desenvolvimento, por esta razão o tratamento deve ser contínuo e envolver uma equipe multidisciplinar (Schwartzman, 2003) (...).A análise do comportamento aplicada, ou ABA (Applied Behavior Analysis, na sigla em inglês) é uma abordagem da psicologia que é usada para a compreensão do comportamento e vem sendo amplamente utilizada no atendimento a pessoas com desenvolvimento atípico, como os transtornos invasivos do desenvolvimento (TIDs). ABA vem do behaviorismo e observa, analisa e explica a associação entre o ambiente, o comportamento humano e a aprendizagem (Lear, K., 2004) (...)As técnicas de modificação comportamental têm se mostrado bastante eficazes no tratamento, principalmente em casos mais graves de autismo. Para o analista do comportamento ser terapeuta significa atuar como educador, uma vez que o tratamento envolve um processo abrangente e estruturado de ensino-aprendizagem ou reaprendizagem (Windholz, 1995) (...).A metodologia ABA e seus procedimentos são constantes e padronizados, o que possibilita que mais de um professor (pessoa que realiza os programas) trabalhe com a criança. Este é um programa intensivo e deve ser feito de 20 a 30 horas por semana. É importante ressaltar que este programa não é aversivo e rejeita qualquer tipo de punição. A participação dos familiares da criança no programa é de grande contribuição para seu sucesso e assegura a generalização e manutenção de todas as habilidades aprendidas pela criança." (RIBEIRO, Sabrina. "ABA: uma intervenção comportamental eficaz em casos de autismo". *Revista Autismo*. Número 0 - Ano 1 - Setembro de 2010).

A recusa à cobertura, sob o fundamento de que as terapias não estão previstas no rol da ANS não pode, em princípio, ser acolhida, conforme súmulas 96 e 102, do TJSP:

> Súmula 96: "Havendo expressa indicação médica de exames associados a enfermidade coberta pelo contrato, não prevalece a negativa de cobertura do procedimento"

> Súmula 102: Havendo expressa indicação médica, é abusiva a negativa de cobertura de custeio de tratamento sob o argumento da sua natureza experimental ou por não estar previsto no rol de procedimentos da ANS.

Neste sentido, aliás, a recente jurisprudência do E. TJSP sobre o tema:

> Apelação. Obrigação de Fazer c.c. Indenizatória. Plano de Saúde. Beneficiária portadora de encefalopatia crônica (paralisia cerebral – CID-10 G-80.4 + F-80 + F-82), com indicação médica para fisioterapia motora, fonoaudiologia, terapia ocupacional e equoterapia. Negativa do seguro-saúde no custeio da equoterapia e no reembolso de número que alega excedente de sessões anuais das demais terapias. Improcedência da ação. Inconformismo da autora. Proteção do direito à vida (art. 5º da CF). Os procedimentos de saúde não devem sofrer limi-

tações, quando há paciente em tratamento de grave enfermidade, como é o caso em exame, e quando prescritos por médico. Precedentes desta Corte. Vedação de limitação temporal de sessões de terapia, em qualquer modalidade. Aplicação do art. 12, II, "a", da Lei n. 9.656/98. Não cobertura ou não reembolso que se afiguram abusivos, não obstante exista cláusula contratual excludente, desrespeitando o art. 6º, IV do CDC. Súmula 302 do c. STJ e Súmulas 92, 95, 96 e 102 do TJ-SP. Inteligência do art. 35-F da Lei 9.656/98. Danos morais cabíveis pela situação sofrida pela autora, que ultrapassa o mero dissabor. Sentença reformada para julgar a ação procedente na condenação da ré ao reembolso de todas as sessões de terapia de qualquer modalidade, indicadas por médico, de que a autora necessitar, e para indenização da autora por danos morais em R$ 5.000,00. Recurso provido. (Relator(a): Silvério da Silva; Comarca: São Paulo; Órgão julgador: 8ª Câmara de Direito Privado; Data do julgamento: 22/09/2016; Data de registro: 22/09/2016)

PLANO DE SAÚDE - Ação ordinária - Negativa de cobertura do tratamento de equoterapia - Procedência parcial do pedido - Inconformismo da ré - Acolhimento parcial - Aplicação do Código de Defesa do Consumidor - Restrição de direito inerente ao contrato que pretende proteger a saúde do consumidor - Autor portador de transtorno autista do comportamento - Equoterapia recomendada pelo médico especialista que assiste a menor - Impossibilidade de a seguradora questionar o tratamento indicado - Inteligência da Súmula 102 deste Egrégio Tribunal de Justiça - Negativa de cobertura abusiva - Jurisprudência desta Corte - Sucumbência recíproca - Sentença reformada em parte - Recurso parcialmente provido. (TJSP; Apelação 1005685-02.2016.8.26.0554; Relator (a): J.L. Mônaco da Silva; Órgão Julgador: 5ª Câmara de Direito Privado; Foro de Santo André - 4ª Vara Cível; Data do Julgamento: 30/08/2017; Data de Registro: 31/08/2017)

Plano de saúde. Ação de condenação em obrigação de fazer. Autor portador de transtorno do espectro autista de alto funcionamento, a necessitar de tratamento médico multidisciplinar específico por meio de análise de comportamento aplicada (método ABA), conforme prescrição médica. Negativa de cobertura. Incidência do Código de Defesa do Consumidor e da Lei 9.656/98 (Lei dos Planos de Saúde). Arts. 47 e 51, IV, do CDC. Abusividade. Cobertura devida. Precedentes deste Tribunal. Parecer do Ministério Público, pelo desprovimento do recurso, ora acolhido. Sentença de procedência confirmada (art. 252 do RITJSP). Apelação desprovida. (TJSP; Apelação 1033146-08.2016.8.26.0114; Relator (a): Cesar Ciampolini; Órgão Julgador: 10ª Câmara de Direito Privado; Foro de Campinas - 10ª Vara Cível; Data do Julgamento: 08/08/2017; Data de Registro: 10/08/2017)

AGRAVO DE INSTRUMENTO – Plano de saúde – Menor com diagnóstico de transtorno do espectro autista – Indicação de tratamento especializado denominado "Análise de Comportamento Aplicado (método ABA), Fonoaudiologia e Terapia Ocupacional - Havendo expressa indicação médica, é abusiva a negativa de cobertura de custeio de tratamento sob o argumento da sua natureza experimental ou por não estar previsto no rol de procedimentos da ANS – Sumula 102 do TJSP – Método de tratamento específico necessário para conferir melhor qualidade de vida e desenvolvimento ao autista, o que não pode ser obtido pelo fornecimento de profissionais sem interação e experiência sobre o autismo – Recurso desprovido. (TJSP; Agravo de Instrumento 2090905-27.2017.8.26.0000; Relator (a): Alcides Leopoldo e Silva Júnior; Órgão Julgador: 2ª Câmara de Direito Privado; Foro Central Cível - 28ª Vara Cível; Data do Julgamento: 01/09/2017; Data de Registro: 01/09/2017)

AGRAVO REGIMENTAL – DECISÃO QUE DENEGOU A LIMINAR PLEITEADA – PLANO DE SAÚDE – AGRAVO DE INSTRUMENTO INTERPOSTO QUANTO A DECISÃO QUE DEFERIRA A ANTECIPAÇÃO DOS EFEITOS DA TUTELA PARA DETERMINAR À OPERADORA QUE, NO PRAZO DE CINCO DIAS, AUTORIZASSE O TRATAMENTO PSICOLÓGICO "PARA MÉTODO

A.B.A. COM CARGA HORÁRIA DE 12H/SEMANAIS PARA ESTIMULAÇÃO E CONTROLE CLÍNICO", CONSIDERADO INDISPENSÁVEL A TERAPÊUTICA DA SÍNDROME DE TRANSTORNO DO ESPECTRO AUTISTA – TEA (CID 10: F84.1) QUE ACOMETE A AUTORA - TRATAMENTO RECOMENDADO POR MÉDICO E VINCULADO A DOENÇA COBERTA PELO CONTRATO - RISCO DE DANO IRREPARÁVEL OU DE DIFÍCIL REPARAÇÃO – PRECEDENTE - DECISÃO MANTIDA – RECURSO DESPROVIDO
(TJSP; Agravo Regimental 2158006-81.2017.8.26.0000; Relator (a): Theodureto Camargo; Órgão Julgador: 8ª Câmara de Direito Privado; Foro Central Cível - 39ª Vara Cível; Data do Julgamento: 13/09/2017; Data de Registro: 13/09/2017)

Apelação. Plano de Saúde. Ação de obrigação de fazer. Autor diagnosticado com 'transtorno de espectro autista - autismo infantil'. Recusa da operadora do plano de saúde na cobertura de tratamento por meio de 'terapia intensiva pelo método ABA' - terapias multidisciplinares. Ré alega que não dispõe de profissional com especialização necessária para atender o recorrido, bem como ausência da terapia solicitada no rol da ANS. Negativa indevida. Aplicação da Súmula 102 desta Corte. Danos morais caracterizados. Obrigação e Indenização mantidas. RECURSO DESPROVIDO. (TJSP; Apelação 1042681-69.2017.8.26.0002; Relator (a): Elói Estevão Troly; Órgão Julgador: 1ª Câmara de Direito Privado; Foro Regional II - Santo

Amaro - 11ª Vara Cível; Data do Julgamento: 20/03/2018; Data de Registro: 20/03/2018)

Logo, havendo recomendação médica de terapia intensiva pelo método ABA – terapias multidisciplinares -, não se admite a recusa à cobertura pelo plano de saúde e, caso não haja profissionais conveniados para as citadas terapias, deverá a operadora arcar diretamente com os respectivos custos.

4 - CANCELAMENTO UNILATERAL E NOTIFICAÇÃO

O cancelamento unilateral de contrato por parte da operadora de plano de saúde, em hipótese de inadimplemento por parte do segurado, não ocorre de pleno direito.

Com efeito, dispõe o art. 13, inciso II, da Lei n. 9.656/98, que é vedada "a suspensão ou a rescisão unilateral do contrato, salvo por fraude ou não-pagamento da mensalidade por período superior a sessenta dias, consecutivos ou não, nos últimos doze meses de vigência do contrato, *desde que o consumidor seja comprovadamente notificado até o quinquagésimo dia de inadimplência*". (grifei).

À suspensão ou rescisão unilateral do contrato, portanto, indispensável é a *prévia notificação* do consumidor, não apenas do débito em aberto, como também da consequência do eventual inadimplemento – suspensão ou rescisão.

Este o entendimento pacífico do Tribunal de Justiça do Estado de São Paulo:

> Súmula 94 do TJSP - "A falta de pagamento da mensalidade não opera, *per si*, a pronta rescisão unilateral do contrato de plano ou seguro saúde, exigindo-se a prévia notificação do devedor com prazo mínimo de dez dias, para purga da mora".

Ausente a obrigatória notificação prévia, impõe-se à operadora a obrigação de manter o contrato e continuar a prestar ao consumidor os serviços médicos nele previstos, sem prejuízo da possibilidade de cobrança dos eventuais valores em aberto. Com tal orientação:

> PLANO DE SAÚDE - AÇÃO DE OBRIGAÇÃO DE FAZER C.C. INDENIZAÇÃO POR DANOS MORAIS - Parcial procedência - Rescisão unilateral do contrato por atraso no pagamento das mensalidades, inferior a 60 dias - Ausência de notificação prévia - Desatendida regra do art. 13, II, da Lei 9.656/98 - Seguradora que, ademais, recebeu sem ressalvas a mensalidade relativa ao mês subsequente - Continuidade do plano corretamente determinada - Danos morais - Inocorrência - Deferimento da tutela antecipada que garantiu a continuidade do plano - Apelante que, ademais, não comprovou ter sofrido negativa de cobertura, tampouco situação de emergência - Sucumbência recíproca corretamente reconhecida - Inteligência do artigo 21, caput, do CPC - Sentença mantida - Recurso improvido (TJSP – 8ª Câm. – Rel. Salles Rossi – j. 20.10.2010).

> AGRAVO REGIMENTAL. PLANO DE SAÚDE. INADIMPLÊNCIA DO SEGURADO. RESCISÃO UNILATERAL NOTIFICAÇÃO PRÉVIA. NECESSI-

DADE. SÚMULA STJ/7.

1.- Nos termos do art. 13, parágrafo único, II, da Lei n. 9.656/1998 é obrigatória a notificação prévia ao cancelamento do contrato, por inadimplemento, sendo ônus da seguradora notificar o segurado.

2.- Para infirmar a conclusão a que chegou o Tribunal de origem acerca da inexistência da notificação prévia do segurado seria necessário reexame dos elementos fático-probatórios dos autos, soberanamente delineados pelas instâncias ordinárias, o que é defeso nesta fase recursal a teor da Súmula 7 do STJ.

3.- Agravo Regimental improvido. (AgRg nos EDcl nos EDcl no REsp 1256869/PR, Rel. Ministro SIDNEI BENETI, TERCEIRA TURMA, julgado em 20/09/2012, DJe 04/10/2012).

5 - CARÊNCIA – URGÊNCIA E EMERGÊNCIA

Com relação à carência para atendimentos de urgência e emergência, deve ser observado o prazo máximo de 24 horas, nos termos do art. 12, inciso V, alínea c, da Lei n. 9.656/98.

Inaplicável a previsão contida na Resolução n. 13 do CONSU (Conselho Nacional de Saúde Complementar), que limitou o atendimento – emergencial ou de urgência – apenas ao período de 12 horas em ambulatório, para todos os que estiverem em período de carência, pois ao restringir os direitos do consumidor de planos de saúde, extrapolou o Conselho a sua função meramente *regulamentar*, para inovar na ordem jurídica, usurpando, portanto, função privativa do Poder Legislativo. Como sustenta Hely Lopes Meirelles: as *"Resoluções* são atos administrativos normativos expedidos pelas altas autoridades do Executivo (mas não pelo Chefe do Executivo, que só deve expedir decretos) ou pelos presidentes dos tribunais, órgãos legislativos e colegiados administrativos, para *disciplinar* matéria de sua competência específica (...). As resoluções, normativas ou individuais, são sempre atos inferiores ao regulamento e ao regimento, *não podendo inová-los ou contrariá-los*, mas unicamente *complementá-los e explicá-los"*[1]

Com esta orientação o entendimento já solidificado do TJSP:

> PLANO DE SAÚDE Recusa de cobertura das despesas médicas de paciente que sofreu um AVC, sob o argumento de que ainda não havia

transcorrido o prazo de carência Situação, no entanto, de emergência configurada, diante do diagnóstico Lei nº 9.656/98 que garante sem restrições a internação nos casos de urgência ou emergência Resolução do CONSU (que limita o tratamento ao período de 12 horas), que não pode contrariar o texto da lei que visa regulamentar Despesas que deverão ser custeadas pelo plano de saúde - Sentença mantida – Recurso desprovido (TJSP – 1ª Câm. – Ap. 00017231620128260008 – Rel. Rui Cascaldi – j. 14.8.2012).

PLANO DE SAÚDE. Atendimento em caso de urgência. Restrição de cobertura às 12 (doze) primeiras horas por se tratar de situação oriunda de doença preexistente com prazo de carência de 24 meses não completado.

Fundamento extraído de Resoluções do CONSU. Inadmissibilidade. Resoluções normativas não podem restringir direito fundamental assegurado pelos arts. 12, V e 35-C da Lei 9.656/98. Cobertura integral devida. Precedentes. Dano moral configurado. Recurso provido. (TJSP – 2ª Câm. – Ap. 91128621420078260000 – Rel. Luís Francisco Aguilar Cortez – j. 26.6.2012).

A questão, aliás, já foi pacificada pelo STJ, conforme enunciado da súmula n. 597:

Súmula n. 597 - A cláusula contratual de plano de saúde que prevê carência para utilização dos serviços de assistência médica nas situações de emergência ou de urgência é considerada abusiva se ultrapassado o prazo máximo de 24 horas contado da data da contratação

6 - CARÊNCIA – UTI NEONATAL

No que tange às despesas com recém-nascido, especialmente aquelas relativas à internação em UTI, entendemos que não se configura a obrigação de cobertura por parte da operadora se a segurada se encontrar em período de carência para atendimento relativo a parto e *suas consequências*.

Isto porque a internação do recém-nascido em UTI neonatal constitui *consequência* do parto, fato estreitamente ligado ao evento não coberto pelo contrato, de forma que não há como se considerar a operadora responsável pelos respectivos custos. Com esta orientação:

> SEGURO. PLANO DE SAÚDE - CUSTEIO DE DESPESAS PARA TRATAMENTO UTI NEONATAL – INADMISSIBILIDADE - AUTOR QUE NÃO NASCEU SOB A COBERTURA DO PLANO DE SAÚDE - GENITORA QUE NÃO HAVIA CUMPRIDO OS PRAZOS DE CARÊNCIA - EXISTÊNCIA DE CLÁUSULA EXPRESSA DE EXCLUSÃO - AUTOR QUE PEDIU A COBERTURA DE TRATAMENTO A QUE NÃO FAZ JUS NOS TERMOS DO CONTRATO - HIPÓTESE EM QUE A SIMPLES EXISTÊNCIA DE CONTRATO DE SEGURO SAÚDE NÃO AUTORIZA A COBERTURA DE TODA E QUALQUER DESPESA -AÇÃO JULGADA IMPROCEDENTE RECURSO PROVIDO (TJSP – AP. n. 425.368.4/2-00 – 6ª Câm. – Rel. Vito Guglielmi – j. 29.3.2007)

> SEGURO-SAÚDE. Parto não coberto pelo seguro em razão de carência. Hipótese não contemplada pelo artigo 12, III, da Lei nº 9656/98. Inclusão dos recém-nascidos no seguro somente a partir da aceitação da inscrição pela seguradora. Despesas anteriores não cobertas. Apelo provido para afastar a responsabilidade da seguradora. (TJSP – Ap. 232.333.4/1-00 – 7ª Câm. "A" – Rel. EDSON FERREIRA DA SILVA – j. 05.4.2006).

A recente jurisprudência do TJSP, contudo, caminha em sentido contrário, ao admitir a cobertura sob o fundamento de que se trata de situação de urgência/emergência. Neste sentido:

> AÇÃO ANULATÓRIA. Plano de saúde. Internação em UTI neonatal. Recusa em razão de prazo de carência. Sentença de procedência. Apela a ré sustentando a inexistência de ato ilícito, pois vigente prazo de carência contratual. Descabimento. O art. 35-C da Lei 9.656/98, em seus incisos, prevê a obrigatoriedade de cobertura do atendimento em casos de emergência e urgência. Inquestionável a premência da internação e atendimento Há declaração de médico assistente quanto à urgência e necessidade do procedimento, com a demora na liberação, caracterizando como indevido o fato de a pres-

tadora de serviços voltados à saúde do cliente/paciente ter deixado de ampará-lo quando necessário o atendimento. Recurso improvido.
(TJSP; Apelação Cível 1100982-06.2017.8.26.0100; Relator (a): James Siano; Órgão Julgador: 5ª Câmara de Direito Privado; Foro Central Cível - 3ª Vara Cível; Data do Julgamento: 16/04/2018; Data de Registro: 16/04/2018)

Agravo de Instrumento – ação de obrigação de fazer – tutela antecipada deferida para impor à ré cobertura do parto e da internação em UTI neonatal do nascituro – ocorrência de situação de urgência/ emergência iminência de óbito fetal e risco para a mãe – requisitos do art 300 do CPC evidenciados – mantida tutela antecipada - O artigo 12, V, "c" da Lei dos Planos de Saúde excepciona a regra da carência contratual em casos de urgência e emergência, conferindo cobertura imediata em tais hipóteses, respeitados, somente, as primeiras vinte e quatro horas da contratação – Súmula 103 deste E. Tribunal - astreintes fixadas em patamar exorbitante que merecem ser reduzidas – Recurso parcialmente provido. (TJSP; Agravo de Instrumento 2000731-98.2019.8.26.0000; Relator (a): Moreira Viegas; Órgão Julgador: 5ª Câmara de Direito Privado; Foro Central Cível - 17ª Vara Cível; Data do Julgamento: 15/12/2011; Data de Registro: 20/02/2019).

7 – CIRURGIA BUCOMAXILO-FACIAL

Há forte resistência das operadoras de planos de saúde em cobrir as cirurgias bucomaxilo-facial quando realizadas – ou chefiadas as equipes – por cirurgiões dentistas, sob a alegação de que não se presta o plano de saúde à cobertura de procedimentos odontológicos.

A resistência, todavia, não encontra respaldo legal.

Com efeito, a Resolução n. 1.950 de 2010 do Conselho Federal de Medicina e a Resolução n. 100 do Conselho Federal de Odontologia estabelecem, em seus artigos 1°, que nos procedimentos eletivos a serem realizados conjuntamente por médico e odontólogo, visando a adequada segurança, a responsabilidade assistencial ao paciente é do profissional que indicou o procedimento.

> A Súmula Normativa n. 11 de 20 de agosto de 2007, da ANS, prevê, expressamente, a obrigatoriedade da cobertura, nos seguintes termos:
>
> "1. A solicitação dos exames laboratoriais/complementares previstos no art. 12, inciso I, alínea b, da Lei n° 9.656, de 1998, e dos procedimentos abrangidos pelas internações hospitalares, de natureza buco-maxilo-facial ou por imperativo clínico, dispostos no art. 12, inciso II, da mesma lei, e no art. 7°, parágrafo único

da Resolução CONSU nº 10, de 1998, devem ser cobertos pelas operadoras de planos privados de assistência à saúde, mesmo quando promovidos pelo cirurgião-dentista assistente, habilitado pelos respectivos conselhos de classe, desde que restritos à finalidade de natureza odontológica;

2. A solicitação das internações hospitalares e dos exames laboratoriais/complementares, requisitados pelo cirurgião-dentista, devidamente registrado nos respectivos conselhos de classe, devem ser cobertos pelas operadoras, sendo vedado negar autorização para realização de procedimento, exclusivamente, em razão do profissional solicitante não pertencer à rede própria, credenciada ou referenciada da operadora;

3. A solicitação de internação, com base no art. 12, inciso II da Lei n° 9.656, de 1998, decorrente de situações clínicas e cirúrgicas de interesse comum à medicina e à odontologia deve ser autorizada mesmo quando solicitada pelo cirurgião-dentista, desde que a equipe cirúrgica seja chefiada por médico.

4. A cobertura dos procedimentos de natureza odontológica se dará respeitando o rol de procedimentos da ANS, contemplando todas as doenças que compõem a Classificação Internacional de Doenças – CID – da Organização Mundial de Saúde e, também, a segmentação contratada entre as partes."

Logo, possível a recomendação da realização da cirurgia por cirurgião dentista, devendo o plano de saúde, em tal caso, proceder à cobertura.

Este o entendimento da jurisprudência paulista:

> Plano de Saúde Negativa de cobertura para cirurgia bucomaxilo-facial Exigência da operadora de que a equipe fosse chefiada por médico e não por dentista - Desnecessidade Possibilidade de realização por cirurgião dentista Precedentes Danos morais configurados, por agravar a situação psicológica de quem já estava fragilizado pelo problema de saúde Valor fixado com moderação: R$ 10.000,00 Recurso improvido (TJSP – Ap. n. 0025252-71.2011.8.26.0114 – 3ª Câm. – Rel. Jesus Lofrano – j. 29.01.2013).

> A possibilidade de realização da cirurgia buco-maxilo-facial por cirurgião-dentista é questão dirimida em conjunto pelo Conselho Federal de Odontologia e Conselho Federal de Medicina, com a edição da Resolução CFO 100/2010 e Resolução CFM 1950/10 (TJSP – Ap. n. 0072116-07.2010.8.26.0114 – 9ª Câm. – Rel. Piva Rodrigues – j. 14.5.2013)

PLANO DE SAÚDE. DESPESAS COM CIRURGIA BUCO-MAXILOFACIAL. CIRURGIÃO DENTISTA. INEXISTÊNCIA DE ÓBICE. CIRURGIA QUE PODE SER REALIZADA PELO PROFISSIONAL QUE ATENDE O AUTOR, ESPECIALISTA NA ÁREA. NEGATIVA INDEVIDA DE COBERTURA CONTRATUAL. SENTENÇA MANTIDA.

1. Cirurgia buco-maxilo-facial. A cirurgia pode ser realizada pelo cirurgião dentista que a solicitou, que tem especialização na área de especialidade. Jurisprudência do Tribunal.

2. Cobertura contratual para cirurgias em geral. Cláusula contratual nesse sentido. Necessidade comprovada da cirurgia. Irrelevância do médico, cujos honorários não foram reclamados, não fazer parte da rede credenciada (TJSP – Ap. n. 0005105-56.2009.8.26.0320 – 10ª Câm. – Rel. Carlos Alberto Garbi – j. 111.6.2013)

PLANO DE SAÚDE. AÇÃO DE OBRIGAÇÃO DE FAZER. I. Negativa de cobertura a tratamento cirúrgico de reconstrução óssea maxilar. Caráter abusivo reconhecido. Terapêutica que se mostra necessária, em princípio, à tentativa de recuperação da saúde da paciente, acometida por deformidade buco-maxilo-facial e disfunção das articulações temporo-mandibulares. Não subsistência da alegada carência de previsão no rol da ANS. Aplicação da Súmula nº. 102 desta Colenda Corte. Irrelevância de a prescrição ter sido firmada por cirurgião dentista bucomaxilar. Inteligência da Súmula Normativa 11 e da Resolução Normativa nº 338 da ANS. Resguardo à higidez do negócio securitário, na forma do artigo 51, IV, do Código de Defesa do Consumidor. Precedentes. II. Ofensa, ainda, ao princípio da boa-fé que deve nortear os contratos consumeristas. Atenuação e redução do princípio do pacta sunt servanda. Incidência do disposto no artigo 421 do Código Civil. SENTENÇA MANTIDA. APELO DESPROVIDO. (TJSP; Apelação Cível 1073816-96.2017.8.26.0100; Relator (a): Donegá Morandini; Órgão Julgador: 3ª Câmara de Direito Privado; Foro Central Cível - 22ª Vara Cível; Data do Julgamento: 08/06/2018; Data de Registro: 08/06/2018)

"APELAÇÃO CÍVEL. Plano de saúde. Ação de obrigação de fazer. Pleito de cobertura de sinusectomia maxilar caldwell-luc esquerda, palatoplastia com enxerto ósseo e reconstrução parcial da maxila com enxerto. Negativa pela operadora de plano de saúde. Sentença de procedência. Apelo da demandada. Inconsistência. Irrelevância de a prescrição ter sido firmada por cirurgião dentista bucomaxilar. Inteligência da Súmula Normativa 11 e da Resolução Normativa nº 338 da ANS. Manutenção da r. sentença pelos seus próprios fundamentos, nos termos do artigo 252 do Regimento Interno deste E. Tribunal de Justiça. NEGADO PROVIMENTO AO RECURSO". (v.29369). (TJSP; Apelação Cível 1066152-48.2016.8.26.0100; Relator (a): Viviani Nicolau; Órgão Julgador: 3ª Câmara de Direito Privado; Foro Central Cível - 34ª Vara Cível; Data do Julgamento: 05/12/2018; Data de Registro: 05/12/2018)

8 - CIRURGIA DE COLUNA – PRÓTESE E ENXERTO

O procedimento cirúrgico visando à descompressão ampla do canal lombar e artrodese longa com a colocação de parafusos não se confunde com a colocação de *prótese*, pois esta se destina à *substituição* de membro ou função, o que não se verifica na hipótese.

Mas ainda que assim não fosse, isto é, se se considerasse que os parafusos utilizados no procedimento constituiriam *prótese*, não coberta, em princípio, pelo contrato, tal exclusão caracterizaria cláusula abusiva, contrária ao direito do consumidor, pois inviabilizaria a realização da cirurgia e, em consequência, o escopo do próprio contrato, qual seja, a preservação da saúde do beneficiário do plano. Em sentido próximo:

> CONTRATO – Prestação de Serviços – Plano de Saúde – Implante de prótese – Recusa da ré em custear o tratamento – Alegação de que o contrato exclui expressamente esta operação - Cláusula que exclui da cobertura a prótese – Cláusula abusiva – Não se exime o plano de saúde de custear a colocação de prótese de quadril sob o argumento de não cobrir esse tipo de procedimento – A prótese é meio necessário ao tratamento cirúrgico, condição de seu êxito - Recurso não provido (Apelação Cível n. 384.542-4/0-00 – Santo André - 7ª Câmara de Direito Privado - Relator: Gilberto de Souza Mo-

reira – 06.12.06 – V.U. – Voto n. 8.149)

Plano de saúde – Tutela de urgência determinando a cobertura de materiais cirúrgicos – O plano de saúde não pode limitar os meios curativos – Ademais, nos termos do artigo 10, inciso VII, da Lei 9.656/98 somente pode ser excluída cobertura com relação ao fornecimento de próteses, órteses e seus acessórios quando não ligados ao ato cirúrgico – Multa diária reduzida para não ensejar enriquecimento ilícito – Recurso parcialmente provido. (TJSP; Agravo de Instrumento 2215218-26.2018.8.26.0000; Relator (a): Eduardo Sá Pinto Sandeville; Órgão Julgador: 6ª Câmara de Direito Privado; Foro Central Cível - 43ª Vara CÍvel; Data do Julgamento: 27/11/2018; Data de Registro: 27/11/2018)

PLANO DE SAÚDE – CERCEAMENTO DE DEFESA – INOCORRÊNCIA – PACIENTE PORTADORA DE HÉRNIA DE DISCO TORCOLOMBAR – INDICAÇÃO MÉDICA PARA REALIZAÇÃO DE CIRURGIA – NEGATIVA DE FORNECIMENTO DO MATERIAL SOLICITADO PELO NEUROLOGISTA ("PARAFUSO PEDICULAR CANULADO") – ILICITUDE – HAVENDO A COBERTURA DA DOENÇA NÃO PODERÁ O PLANO DE SAÚDE LIMITAR SEU TRATAMENTO – MATERIAL CIRÚRGICO QUE CAUSA O MÍNIMO DE AGRESSÃO À INTEGRIDADE DA COLUNA E SEUS APÊNDICES – INSTRUÇÃO PROBATÓRIA DES-

NECESSÁRIA – A ELEIÇÃO DA TERAPIA A SER UTILIZADA ESTÁ SOB A RESPONSABILIDADE DO MÉDICO E NÃO DO PLANO DE SAÚDE – PRECEDENTES DO STJ – SENTENÇA MANTIDA – APELO DESPROVIDO. (TJSP; Apelação Cível 1006840-16.2016.8.26.0077; Relator (a): HERTHA HELENA DE OLIVEIRA; Órgão Julgador: 2ª Câmara de Direito Privado; Foro de Birigui - 3ª Vara Cível; Data do Julgamento: 05/02/2019; Data de Registro: 05/02/2019)

AÇÃO DE OBRIGAÇÃO DE FAZER CUMULDA COM PEDIDO DE TUTELA DE URGÊNCIA. Plano de Saúde. Necessidade de cirurgia de coluna com colocação de prótese. Negativa da ré em dar cobertura aos materiais necessários ao sucesso do procedimento. Sentença de procedência parcial que ensejou recurso de ambas as partes. Negativa da ré baseada no fato de que não há previsão do tratamento pleiteado no Rol de Procedimentos e consequentemente exclusão contratual. Inadmissibilidade. Exclusão invocada pela operadora do plano de saúde que contraria a finalidade do contrato e representa abusividade que afronta ao CDC. Provas constantes dos autos que dão conta da necessidade do procedimento. Cobertura devida. Jurisprudência do STJ no sentido de que se o material é parte da cirurgia coberta pelo plano não se pode excluir o seu pagamento. Danos morais incabíveis na espécie. Sentença parcialmente modificada apenas no que se refere à fixação da sucumbência que fica inteiramente carreada à ré, em respeito ao princípio da causalidade. Majoração da verba advocatícia. Recurso da autora parcialmente provido, negando-se provimento ao da ré.

(TJSP; Apelação Cível 1002996-91.2018.8.26.0011; Relator (a): Fábio Quadros; Órgão Julgador: 4ª Câmara de Direito Privado; Foro Regional XI - Pinheiros - 1ª Vara Cível; Data do Julgamento: 14/02/2019; Data de Registro: 21/02/2019)

A mesma conclusão é cabível em caso de necessidade de efetivação de enxerto, pois, em se tratando de circunstância necessária ao sucesso do ato cirúrgico, a exclusão de sua cobertura implicaria, por via transversa, negativa de cobertura de todo o atendimento – inclusive daquele expressamente previsto em contrato -, o que não pode ser admitido. Esta a linha da orientação jurisprudencial dominante. A título de ilustração:

CONTRATO - Prestação de Serviços - Plano de Saúde - Cominatória - Necessidade de realização de enxerto ósseo - Cirurgia autorizada, mas negado o fornecimento de enxerto ósseo, por ausência de cobertura - Inadmissibilidade - Circunstância em que a limitação implica negativa de todo o atendimento, porque indissociável a prótese do ato cirúrgico - Exclusão de cobertura ofensiva ao direito do consumidor - Procedência da ação - Sentença mantida - Recurso improvido (Apelação Cível n. 366.933.4/2-00 - São Paulo - 10ª Câmara de Direito Privado - Relator: João Carlos Saletti - 13.12.05 - V.U. - Voto n. 10340)

"APELAÇÃO CÍVEL. Plano de saúde. Ação de obrigação de fazer. Pleito de cobertura de sinusectomia maxilar caldwell-luc esquerda, palatoplastia com enxerto ósseo e reconstrução parcial da maxila com enxerto. Negativa pela operadora de plano de saúde. Sentença de procedência. Apelo da demandada. Inconsistência. Irrelevância de a prescrição ter sido firmada por cirurgião dentista buco-maxilar. Inteligência da Súmula Normativa 11 e da Resolução Normativa nº 338 da ANS. Manutenção da r. sentença pelos seus próprios fundamentos, nos termos do artigo 252 do Regimento Interno deste E. Tribunal de Justiça. NEGADO PROVIMENTO AO RECURSO". (v.29369).
(TJSP; Apelação Cível 1066152-48.2016.8.26.0100; Relator (a): Viviani Nicolau; Órgão Julgador: 3ª Câmara de Direito Privado; Foro Central Cível - 34ª Vara Cível; Data do Julgamento: 05/12/2018; Data de Registro: 05/12/2018)

Plano de saúde – Paciente vítima de acidente que resultou em fratura de fêmur, não corrigida em dois procedimentos cirúrgicos anteriores – Negativa de cobertura de materiais a serem implantados em nova cirurgia (prótese e enxerto sintético) – Inadmissibilidade – Materiais inerentes ao procedimento cirúrgico – Aplicação do Código de Defesa do Consumidor e da Súmula nº 93 do Tribunal de Justiça – Procedência mantida – Concessão à ré, contudo, da assistência judiciária, por se tratar de entidade filantrópica – Precedentes jurisprudenciais – Recurso parcialmente provido. (TJSP; Apelação Cível 1009670-18.2017.8.26.0077; Relator (a): Augusto Rezende; Órgão Julgador: 1ª Câmara de Direito Privado; Foro de Birigui - 2ª Vara Cível; Data do Julgamento: 19/12/2018; Data de Registro: 19/12/2018)

PLANO DE SAÚDE - Negativa de cobertura de cirurgia para exérese do tumor conjuntival e enxerto com membrana amniótica e ciclocrioterapia ortognática - Pleito cumulado com indenização por danos morais - Procedência parcial decretada, com afastamento do pleito reparatório - Alegação da ré de que a recusa é lícita posto que o autor optou por realizar seu tratamento fora da área geográfica de abrangência do plano de saúde e que o procedimento não consta do rol de coberturas obrigatórias da ANS - Descabimento - Comprovação de que o procedimento foi realizado por médico cooperado - Empresa prestadora de serviços de assistência médica que não pode interferir na indicação feita pelo médico - Relatório médico que justifica a necessidade da técnica indicada - Dever da ré de restituir os valores gastos pela autora para realização do enxerto da membrana amniótica - Juros de mora, porém, devidos desde a citação e não retroativamente ao desembolso - Dano moral - Recusa baseada em cláusula contratual que, ao tempo da propositura da ação, já era reconhecida como nula pelo entendimento pretoriano - Conduta que gerou dano moral pelos enormes dissabores e dificuldades trazidos - Fixação do valor em R$ 15.000,0) que se mostra razoável - Recurso da autora acolhido, provido apenas em parte o da ré. (TJSP; Apelação Cível 1000898-49.2016.8.26.0288; Relator (a): Galdino Toledo Júnior; Órgão Julgador: 9ª Câmara de Direito Privado; Foro de Ituverava - 2ª Vara; Data do Julgamento: 19/02/2019; Data de Registro: 19/02/2019)

9 - CONTRATOS ANTIGOS, CDC E LEI 9.656/98

A Lei 9.656 de 03 de junho de 1998, que dispõe sobre os planos e seguros privados de assistência à saúde prevê, em seu artigo 10, que os planos de saúde ou seguros-referência deverão cobrir partos e tratamentos realizados exclusivamente no Brasil das doenças relacionadas na Classificação Estatística Internacional de Doenças e Problemas relacionados com a saúde, da Organização Mundial de Saúde (CID), salvo as exceções constantes do próprio artigo 10.

Ainda que se trate de plano de saúde "antigo" – anterior à referida lei – deve, a nosso ver, submeter-se aos princípios da novel legislação e, especialmente, do Código de Defesa do Consumidor, que visam ao equilíbrio contratual e à boa-fé, constituindo normas de ordem pública por se relacionarem ao direito à vida e à saúde.

Como bem observa Maria Stella Gregori: "Sendo certa a submissão daqueles que atuam nesse setor aos primados de defesa do consumidor, deve-se também ter presente que, nas relações de consumo no âmbito da saúde, há um diferencial que deve ser considerado, na medida em que, nesse caso, está se tratando de um bem indisponível: a vida".[2]

Ademais, tais contratos têm a sua execução como de natureza continuada, prolongada no tempo.

Sobre a aplicabilidade do Código de Defesa do Consumidor, trata-se de questão já pacificada e objeto de súmula do Superior Tribunal de Justiça:

> Súmula 608: Aplica-se o Código de Defesa do Consumidor aos contratos de planos de saúde, salvo os administrados por entidades de autogestão.

Quanto à incidência dos princípios da nova legislação aos contratos antigos, a jurisprudência do TJSP fixou-se neste sentido:

> SEGURO SAÚDE. Contrato firmado em 1995. Aplicabilidade do Código de Defesa do Consumidor e da Lei nº 9656/98. Obrigações de trato sucessivo que se renovam no tempo. Falecimento do titular do plano que impõe sua transferência à dependente. Decurso do prazo do Plano de Continuidade Assistencial que não encerra a relação obrigacional. Beneficiária que, por sucessão, pode optar pela migração para um novo plano, ou no mesmo permanecer, com as mesmas cláusulas e condições vigentes. Aplicabilidade analógica do teor da Súmula Normativa 13, da Agência Nacional de Saúde: "O término da remissão não extingue o contrato de plano familiar, sendo assegurado aos dependentes já inscritos o direito à manutenção das mesmas condições contratuais, com a assunção das obrigações decorrentes, para os contratos firmados a qualquer tempo". Cláusulas limitativas que devem ser afastadas para possibilitar a total cobertura do tratamento da

autora que conta com 75 anos. Sentença mantida. Recurso não provido (TJSP – 5ª Câm. – Ap. 0009801442010826 0533 - Rel. Edson Luiz de Queiroz, j. 05.9.2012)

PLANO DE SAÚDE. CIRURGIA CORONARIANA COM COLOCAÇÃO DE "STENT". NEGATIVA DE COBERTURA. CONTRATAÇÃO ANTERIOR AO ADVENTO DA LEI Nº 9.656/98. CONTRATO DE TRATO SUCESSIVO E DE RENOVAÇÃO AUTOMÁTICA. INCIDÊNCIA DA NOVA LEI, DO CDC E DO ESTATUTO DO IDOSO AO CASO DOS AUTOS. SENTENÇA MANTIDA.

1. O contrato de plano de saúde é de trato sucessivo e de renovação automática. Incidência da Lei nº 9.656/98 ao caso dos autos. Jurisprudência deste Tribunal.

2. Incidência do Código de Defesa do Consumidor. Aplicação do CDC por se tratar de típica relação de consumo e por expressa determinação da Lei dos Planos de Saúde. Estatuto do Idoso. Incidência. Autor com mais de 65 anos de idade.

3. Plano-referência (arts. 10 e 12 da Lei nº 9.656/98). Plano que deve cobrir tudo o que for necessário para a cirurgia coronariana a que foi submetido o autor, inclusive os aparelhos denominados "stents". A cláusula contratual contrária a dispositivo de lei deve ser tida como não escrita, por abusiva e ilegal.

4. Litigância de má-fé. Não ocorrência. Sen-

> tença mantida. Recurso não provido.(TJSP – 10ª Câm. – Ap. 91745369020078260000 – Rel. Carlos Alberto Garbi – j. 14.8.2012)

> Súmula 100: O contrato de plano/seguro saúde submete-se aos ditames do Código de Defesa do Consumidor e da Lei n. 9.656/98 ainda que a avença tenha sido celebrada antes da vigência desses diplomas legais.

Nos termos da súmula 608 do STJ, contudo, inaplicável o CDC aos contratos de planos de saúde administrados por entidades de autogestão, dotados de forma peculiar não apenas de constituição, uma vez que não oferecidos ao mercado consumidor, mas também de administração, pois de natureza especialmente associativa. A título de ilustração:

> Plano de saúde – Ação cominatória – Procedência – Inconformismo – Acolhimento – Exame de "dosagem de cromogranina A" prescrito à autora pelo médico assistente para controle de tumor neuroendócrino, com lesões secundárias nos pulmões – Plano de saúde operado na modalidade de autogestão – Não sujeição ao plano-referência previsto na Lei n. 9.656/98 (cf. art. 10, § 3º) – Inaplicabilidade do CDC, conforme entendimento firmado na jurisprudência mais recente do C. STJ (2ª Seção, 3ª e 4ª Turmas) – Consequente inaplicabilidade da Súmula n. 96, deste E. Tribunal de Justiça, à hipótese –

Exame que é objeto de expressa exclusão de cobertura no regulamento do plano de saúde, por não constar da tabela de procedimentos cobertos pelo plano – Associados que participam da gestão da ré – Regra que foi aprovada pelo órgão deliberativo competente e incluída no regulamento do plano de autogestão, sendo oponível a todos os beneficiários – Improcedência que se impõe – Sentença reformada, com cassação da tutela antecipada anteriormente concedida e consequente afastamento da multa imposta para o caso de descumprimento – Recurso provido. (TJSP; Apelação 1003994-49.2016.8.26.0619; Relator (a): Grava Brazil; Órgão Julgador: 8ª Câmara de Direito Privado; Foro de Taquaritinga - 1ª Vara; Data do Julgamento: 29/01/2018; Data de Registro: 29/01/2018)

RECURSO ESPECIAL. ASSISTÊNCIA PRIVADA À SAÚDE. PLANOS DE SAÚDE DE AUTOGESTÃO. FORMA PECULIAR DE CONSTITUIÇÃO E ADMINISTRAÇÃO. PRODUTO NÃO OFERECIDO AO MERCADO DE CONSUMO. INEXISTÊNCIA DE FINALIDADE LUCRATIVA. RELAÇÃO DE CONSUMO NÃO CONFIGURADA. NÃO INCIDÊNCIA DO CDC.

1. A operadora de planos privados de assistência à saúde, na modalidade de autogestão, é pessoa jurídica de direito privado sem finalidades lucrativas que, vinculada ou não à entidade

pública ou privada, opera plano de assistência à saúde com exclusividade para um público determinado de beneficiários.

2. A constituição dos planos sob a modalidade de autogestão diferencia, sensivelmente, essas pessoas jurídicas quanto à administração, forma de associação, obtenção e repartição de receitas, diverso dos contratos firmados com empresas que exploram essa atividade no mercado e visam ao lucro.

3. Não se aplica o Código de Defesa do Consumidor ao contrato de plano de saúde administrado por entidade de autogestão, por inexistência de relação de consumo.

4. Recurso especial não provido. (REsp 1285483/PB, Rel. Ministro LUIS FELIPE SALOMÃO, SEGUNDA SEÇÃO, julgado em 22/06/2016, DJe 16/08/2016).

10 – COOPERATIVA MÉDICA – RATEIO DE PREJUÍZO ENTRE OS COOPERADOS – POSSIBILIDADE

Embora não se trate de tema específico aos planos de saúde, entendemos pertinente deixar aqui consignado, por constituir matéria correlata e de grande incidência nos Tribunais, que a jurisprudência tem admitido, em hipótese de prejuízos de cooperativas médicas – inclusive aquelas que se apresentam, perante o público consumidor, como planos ou operadoras de planos de saúde –, o rateio entre os associados ou cooperados durante o período no qual se verificou a perda.

Assim é porque a relação jurídica entre cooperativa e cooperado não é regida pelo Código de Defesa do Consumidor, mas pela Lei 5.764/71, artigos 1.093 e seguintes do Código Civil e estatuto da Cooperativa.

Nestas circunstâncias, não há de se falar em "inversão do ônus da prova" e muito menos em violação dos direitos do consumidor.

O fato é que o cooperado, aderindo à cooperativa e integralizado cotas, passa a usufruir os bônus – plano de saúde, clientes e pacientes beneficiários do plano – e os ônus de tal relação jurídica – responsabilidade pelos resultados da cooperativa.

O insucesso da cooperativa, portanto, não acarreta o direito dos cooperados de dela se desvincularem, e mais, com a restituição dos valores pagos por suas cotas e retorno à situação jurídica anterior.

Isto porque, como é cediço, nas cooperativas os sócios têm responsabilidade pelos prejuízos causados, seja limitada – ao valor das cotas – ou ilimitada, conforme previsão do respetivo estatuto.

Apenas a título de ilustração:

"Cobrança. Unimed. Cooperativa médica. Balanço aprovado em assembleia com prejuízo. Rateio dos prejuízos admitido pelo Estatuto e pelo art. 80, II, da Lei nº 5764/71, o que dispensa aprovação expressa da AGO. Cooperado réu que se desligou da cooperativa em 14.12.2009 e, por isso, não pode abater a perda do exercício de 2009 com o resultado do exercício de 2010. Jurisprudência deste TJSP. Recurso provido para julgar procedente a ação" (TJSP – Ap. n. 0021937-83.2011.8.26.0001, Rel. Des. Maia da Cunha, j. 22/01/2013).

"Apelação. Direito empresarial. Ação de cobrança. Cooperativa. Rateio dos prejuízos apurados no exercício de 2009. Ré que foi associada da autora durante o período, devendo responder, na proporção da quota subscrita, pelo valor da perda que lhe toca. Sentença mantida por seus próprios fundamentos, ora reproduzidos (art. 252 do RITJSP). Precedentes do STJ e STF. Apelo a que se nega provimento" (Ap. n. 0011486-66.2011.8.26.0011, Rel. Des. Pereira Calças, j. 27/03/2012).

AÇÃO DE COBRANÇA Ajuizamento por cooperativa contra ex-cooperado - Prejuízos apurados em balanço referente ao exercício do ano de 2009 - Obrigação de rateio dos prejuízos que encontra fundamento no estatuto social, no art. 1095 do CC e em razão de aprovação em assembleia geral ordinária Ausência de demonstração, ademais, no que consistiria a desconformidade do valor apurado com as normas vigentes Recurso improvido (TJSP – Ap. n. 0149200-92.2011.8.26.0100 – Re. Lígia Bisogni, j. 06.5.2013).

APELAÇÃO. Cooperativa. Unimed. Ação de cobrança contra o cooperado. Demanda que busca o recebimento de valores a título de contribuição para formação do Fundo de Apoio ao Cooperado, para rateio dos prejuízos da cooperativa, conforme aprovado em Assembleia Geral Extraordinária. Sentença de parcial procedência, apenas para afastar pedido de indenização por ato ilícito. Apelo da ré. Ré que reconhece o débito, mas alega ter crédito perante a Unimed, relativo à restituição de capital integralizado em razão do seu desligamento. Pedido de compensação. Arguição de cerceamento de defesa em razão do julgamento antecipado da lide. Não ocorrência. Eventual crédito passível de compensação que se comprovaria, em regra, pela via documental. Ré que não juntou aos autos, tampouco requereu produção de prova hábil para tanto. Requerimento de prova oral que não se mostra útil para comprovar a existência e o valor do título que se pretende compensar. Impossibilidade de compensação por crédito não comprovado. Ré que não se desincumbiu do ônus de provar fato modificativo, extintivo ou impeditivo do direito da cooperativa autora. Inteligência do art. 373, II, do CPC/15. Ressalvada a possibilidade de se perseguir o suposto crédito por via própria. Apelo desprovido, com ressalva e determinação. (TJSP; Apelação Cível 1066661-81.2013.8.26.0100; Relator (a): Carlos Dias Motta; Órgão Julgador: 1ª Câmara Reservada de Direito Empresarial; Foro Central Cível - 14ª Vara Cível; Data do Julgamento: 16/08/2017; Data de Registro: 17/08/2017)

Ação de cobrança ajuizada pela Unimed Paulistana Sociedade Cooperativa de Trabalho Médico contra médico cooperado, tendo por objeto valores destinados à capitalização da entidade. Ação julgada procedente em primeira instância. Apelação do réu. Cobrança objeto de deliberação em assembleia regularmente realizada com fulcro na lei de regência (nº 5.761/71) e nos estatutos da cooperativa. Tranquila jurisprudência das Câmaras de Direito Empresarial deste Tribunal especificamente acerca da indigitada assembleia da Unimed Paulistana (realizada em 10/9/2012). Cobrança proporcional, de acordo com a faixa de aportes em que se enquadra o réu. Pretensão do réu de compensação com serviços não reembolsados pela autora. Inadmissibilidade, pois não formulado o pedido em contestação. Não se admite inovação na "litiscontestatio" em razões de apelação. Sentença confirmada, na forma do art. 252 do Regimento Interno deste Tribunal de Justiça. Apelação a que se nega provimento. (TJSP; Apelação Cível 0013879-08.2013.8.26.0006; Relator (a): Cesar Ciampolini; Órgão Julgador: 1ª Câmara Reservada de Direito Empresarial; Foro Regional VI - Penha de França - 3ª Vara Cível; Data do Julgamento: 13/03/2019; Data de Registro: 14/03/2019).

11 - DANO MORAL EM RAZÃO DE NEGATIVA DE COBERTURA

Embora muito dividido o entendimento do Tribunal de Justiça do Estado de São Paulo, a jurisprudência mais recente do STJ vai no sentido de que o plano de saúde que se nega a autorizar tratamento a que esteja legal ou contratualmente obrigado agrava a situação de aflição psicológica do paciente e de seus beneficiários, fragilizando o seu estado de espírito (REsp. n. 1201736).

Ainda sobre o tema, não se pode deixar de observar que a condenação ao pagamento de indenização por danos morais constitui desestímulo à reiteração de comportamentos ilícitos semelhantes, pois, do contrário, não haveria para a operadora qualquer risco em lesar os seus consumidores.

Em sentido próximo:

> AGRAVO REGIMENTAL. RECURSO ESPECIAL. CIVIL. PLANO DE SAÚDE. COBERTURA SECURITÁRIA. RECUSA INDEVIDA DE INTERNAÇÃO HOSPITALAR. CLÁUSULA ABUSIVA. ATO ILÍCITO. SITUAÇÃO EMERGENCIAL. DOENÇA GRAVE. MENINGITE. OCORRÊNCIA DE DANOS MORAIS. PRECEDENTES. QUANTUM INDENIZATÓRIO. RAZOABILIDADE. REVISÃO. REEXAME FÁTICO-PROBATÓRIO. SÚMULA 07/STJ.
>
> 1. Abusiva a cláusula de contrato de plano de saúde que exclui de sua cobertura o tratamento

de doenças infectocontagiosas, tais como a meningite.

2. A seguradora, ao recusar indevidamente a cobertura para tratamento de saúde, age com abuso de direito, cometendo ato ilícito e ficando obrigada à reparação dos danos patrimoniais e extrapatrimoniais dele decorrentes.

3. A recusa indevida da cobertura para tratamento de saúde, em situações de emergência, quando o fato repercute intensamente na psique do doente, gerando enorme desconforto, dificuldades e temor pela própria vida, faz nascer o direito à reparação do dano moral.

4. Segundo entendimento pacificado desta Corte, o valor da indenização por dano moral somente pode ser alterado na instância especial quando ínfimo ou exagerado, o que não ocorre no caso em tela, em que, consideradas as suas peculiaridades, fixado no valor de dez salários mínimos.5. AGRAVO REGIMENTAL DESPROVIDO. (AgRg no REsp 1299069/SP, Rel. Ministro PAULO DE TARSO SANSEVERINO, TERCEIRA TURMA, julgado em 26/02/2013, DJe 04/03/2013)

CIVIL E PROCESSUAL CIVIL. RECURSO ESPECIAL. AÇÃO DE REPARAÇÃO DE DANOS MATERIAIS E COMPENSAÇÃO DE DANOS MORAIS. RECUSA INDEVIDA À COBERTURA DE TRATAMENTO DE SAÚDE. DANO MORAL. FIXAÇÃO.

1. A recusa, pela operadora de plano de saúde,

em autorizar tratamento a que esteja legal ou contratualmente obrigada, implica dano moral ao conveniado, na medida em que agrava a situação de aflição psicológica e de angústia no espírito daquele que necessita dos cuidados médicos. Precedentes.

2. A desnecessidade de revolvimento do acervo fático-probatório dos autos viabiliza a aplicação do direito à espécie, nos termos do art. 257 do RISTJ, com a fixação da indenização a título de danos morais que, a partir de uma média aproximada dos valores arbitrados em precedentes recentes, fica estabelecida em R$12.000,00, cuja atualização retroagirá à data lançada na sentença.

3. Recurso especial provido. (REsp 1322914/PR, Rel. Ministra NANCY ANDRIGHI, TERCEIRA TURMA, julgado em 07/03/2013, DJe 12/03/2013)

O Tribunal de Justiça de Pernambuco já sedimentou o seu posicionamento no sentido aqui fixado, tanto que a matéria é objeto de sua súmula n. 35:

"A negativa de cobertura fundada em cláusula abusiva de contrato de assistência à saúde pode dar ensejo à indenização por dano moral".

A mesma orientação é adotada pelo Tribunal de Justiça do Rio de Janeiro, Súmula 209:

"Enseja dano moral a indevida recusa de internação ou serviços hospitalares, inclusive home care, por parte do seguro saúde somente obtidos mediante decisão judicial".

12 – DESCREDENCIAMENTO DE HOSPITAL

Nos termos do art. 17 e §§ da Lei 9.656/98, é facultado à operadora do plano de saúde o *descredenciamento* de hospital, casa de saúde, clínica, laboratório ou entidade correlata ou assemelhada de assistência à saúde, mediante, todavia, substituição por outro estabelecimento *equivalente* e *notificação* aos consumidores com trinta dias de antecedência. Em hipótese de substituição no curso de internação, cabe ao estabelecimento a obrigação de manter a internação e à operadora o pagamento das despesas até a alta hospitalar.

A ausência de prévia notificação no prazo fixado em lei ou de oferecimento de estabelecimento equivalente – com a mesma capacidade e qualidade – implica a obrigação da operadora de continuar a custear o tratamento do consumidor. Com esta orientação:

> EMENTA SEGURO SAÚDE OBRIGAÇÃO DE FAZER Improcedência Cerceamento de defesa Inocorrência -Negativa de cobertura de tratamento em decorrência de descredenciamento de clínica - Possibilidade, desde que atendidas as exigências constantes no artigo 17 da Lei n. 9.656/98 Ausência de comprovação de comunicação do descredenciamento da clínica ao consumidor e à ANS com a antecedência mínima de trinta dias exigida em lei - Não demonstração, ademais, de equivalência do cen-

tro quimioterápico da ré em relação àquele descredenciado Dever da apelada de custear o tratamento indicado à autora pelo período necessário - Sentença reformada - Invertida a sucumbência Precedentes - Recurso provido (TJSP – Ap. n. 0052469-89.2011.8.26.0114 – 8ª Câm. – Rel. Salles Rossi – j. 10.4.2013).

PLANO DE SAÚDE. Descredenciamento de hospital. Não comunicação aos segurados e à ANS. Infringência ao artigo 17 da Lei 9656/98. Não substituição por outro de mesma excelência nos serviços a serem prestados. Cobertura que deve ser dada quanto ao médico e no hospital requerido. Recurso desprovido (TJSP – Ap. n. 0007203-31.2010.8.26.0400 – 4ª Câm. – Rel. Teixeira Leite – j. 09.5.2013)

PLANO DE SAÚDE - Contratante portadora de câncer Recomendação médica para realização de tratamento quimioterápico - Rescisão do contrato entre a clínica e a operadora - Autorização da operadora para a realização do tratamento, mas com remuneração ao médico e não à clínica - Litígio judicial entre a clínica e a operadora - Ação de obrigação de fazer proposta pelo usuário - Sentença de procedência - Tratamento iniciado em momento posterior ao descredenciamento da clínica - Irrelevância - Comunicação do descredenciamento não harmonizada com o artigo 17 da Lei nº 9.656/98 - Interrupção do tratamento com potencial de causar prejuízo irreparável - Rompimento do contrato de prestação de serviços com a operadora por iniciativa da clínica – Irrelevância - Discussão em juízo entre clínica e plano de saúde que não pode prejudicar o consumidor - Autorização para a realização do tratamento emitida pela operadora em nome apenas do médico e não da clínica - Possibilidade de inviabilização da continuidade do tratamento - Hipótese inadmissível - Obrigação da operadora autorizar a realização do tratamento nos limites do contrato celebrado com o usuário - Apelação desprovida (TJSP – Ap. n. 0036174-74.2011.8.26.0114 – 4ª Câm. – Rel. Carlos Henrique Miguel Trevisan – j. 06.6.2013)

Apelação. Plano de saúde. Obrigação de fazer. Negativa de continuidade de tratamento oncológico em clínica descredenciada. Sentença de procedência. Autor portador de "Adenocarcinoma de Grandes Células". Eleição da Clínica ONCOCAMP para realização de seu tratamento. Descredenciamento do estabelecimento não comunicado. Aplicação da Súmula 608 do C. STJ. Ré que deveria ter comunicado o descredenciamento da clínica ONCOCAMP aos seus consumidores. Fato de não se tratar de entidade hospitalar é irrelevante. Dever de informação prévia da ré. Descredenciamento por iniciativa da própria clínica. Irrelevância. Ré que violou o artigo 17, caput e § 1º da Lei n.º 9.656/98. Não comprovação pela ré da equivalência entre a clínica indicada para o tratamento e aquela oferecida por ela. Aplicação da Súmula 95 desta C. Corte. Honorários recursais. Aplicação do artigo 85, §11 do CPC. Majoração da verba honorária recursal para 20% do valor atualizado da causa. Recurso não provido. (TJSP; Apelação Cível 1032300-59.2014.8.26.0114; Relator (a): Edson Luiz de Queiróz; Órgão Julgador: 9ª Câmara de Direito Privado; Foro de Campinas - 10ª Vara Cível; Data do Julgamento: 14/02/2019; Data de Registro: 14/02/2019)

PLANO DE SAÚDE. Descredenciamento do hospital Cerceamento de defesa. Inexistente. Interesse de agir. Necessária e adequada para dirimir o problema, a via judicial foi à única que se mostrou apta e acessível à autora no caso concreto, não havendo que se falar em falta de interesse processual. No mérito. Aplicação do CDC. Autora que faz tratamento oncológico no Hospital A. C. Camargo. Ré não demonstrou que sugeriu outros hospitais para a realização do tratamento. Apelante não se desincumbiu de seu ônus probatório, nos termos do artigo 373, II, do Código de Processo Civil. Negativa por parte da ré que constitui prática abusiva em detrimento da defesa e do respeito ao usuário. Contrato de adesão submetido aos ditames da legislação consumerista. Majoração dos honorários advocatícios fixados na Primeira Instância para o valor correspondente a R$ 1.700,00. Sentença mantida. RECURSO IMPROVIDO, com majoração dos honorários advocatícios.
(TJSP; Apelação Cível 0000131-26.2017.8.26.0536; Relator (a): Be-

retta da Silveira; Órgão Julgador: 3ª Câmara de Direito Privado; Foro de São Vicente - 1ª Vara Cível; Data do Julgamento: 03/04/2019; Data de Registro: 03/04/2019)

A mesma orientação é adotada pelo STJ:

DIREITO DO CONSUMIDOR. PLANO DE SAÚDE. DESCREDENCIAMENTO DE CLÍNICA MÉDICA NO CURSO DE TRATAMENTO QUIMIOTERÁPICO, SEM SUBSTITUIÇÃO POR ESTABELECIMENTO DE SAÚDE EQUIVALENTE. IMPOSSIBILIDADE. PRÁTICA ABUSIVA. ART. 17 DA LEI 9.656/98.

1. O caput do art. 17 da Lei 9.656/98 garante aos consumidores de planos de saúde a manutenção da rede de profissionais, hospitais e laboratórios credenciados ou referenciados pela operadora ao longo da vigência dos contratos.

2. Nas hipóteses de descredenciamento de clínica, hospital ou profissional anteriormente autorizados, as operadoras de plano de saúde são obrigadas a manter uma rede de estabelecimentos conveniados compatível com os serviços contratados e apta a oferecer tratamento equivalente àquele encontrado no estabelecimento de saúde que foi descredenciado. Art. 17, § 1º, da Lei 9.656/98.

3. O descredenciamento de estabelecimento de saúde efetuado sem a observância dos requisi-

tos legalmente previstos configura prática abusiva e atenta contra o princípio da boa-fé objetiva que deve guiar a elaboração e a execução de todos os contratos. O consumidor não é obrigado a tolerar a diminuição da qualidade dos serviços contratados e não deve ver frustrada sua legítima expectativa de poder contar, em caso de necessidade, com os serviços colocados à sua disposição no momento da celebração do contrato de assistência médica.

4. Recurso especial conhecido e provido.

(REsp 1119044/SP, Rel. Ministra NANCY ANDRIGHI, TERCEIRA TURMA, julgado em 22/02/2011, DJe 04/03/2011).

13 – ERRO MÉDICO

Tratando-se de relação de *consumo* a estabelecida entre operadoras de plano de saúde e usuários do sistema, em hipótese de *danos* causados ao consumidor por *erro* perpetrado por médicos, hospitais ou clínicas credenciados, responde o plano de saúde *solidariamente* com o causador do dano, pois se trata de *risco da atividade* que lhe impõe responsabilidade objetiva (art. 14, § 3º, do CDC).

Este o entendimento pacífico do Tribunal de Justiça do Estado do Rio de Janeiro, tanto que objeto de sua súmula n. 293:

> Súmula 293: A operadora de plano de saúde responde solidariamente em razão de dano causado por profissional por ela credenciado.

A mesma direção é tomada pela jurisprudência paulista:

> Responsabilidade civil - Ação reparatória - Improcedência - Inconformismo - Acolhimento - Demanda fundada em suposto erro médico - Legitimidade passiva do plano de saúde, pela atuação dos profissionais credenciados – Exames técnicos que confirmam a alegada inadequação

do atendimento dispensado pelo profissional médico Responsabilidade solidária do hospital e do plano de saúde - Indenização arbitrada em valor equivalente, nesta data, a 100 salários mínimos, que correspondem a R$ 51.000,00 – Sentença reformada - Recurso provido. Agravo retido não conhecido e apelo provido." (TJSP - Ap. n. 0317449-83.2009.8.26.0000 - 9ª Câm. -, Rel. Grava Brazil, j.01.06.10)

RESPONSABILIDADE CIVIL – ERRO MÉDICO - Morte do paciente após cirurgia bariátrica - Complicações pós operatórias - Inexistência de indispensável controle pré-operatório específico ao caso que foge à praxe médica que implica em negligência – Prova pericial, amparada pela oral, suficiente para concluir pela ocorrência de falha técnica, a denotar imperícia - Reparação de rigor - Responsabilidade solidária da seguradora reconhecida - A despeito da modalidade de reembolso, os seguros-saúde que elaboram lista e as fornecem aos conveniados acabam por desvirtuar o procedimento de livre escolha e, como consequência, tornam-se solidariamente responsáveis por eventual resultado danoso - Necessidade de adequação da condenação imposta - Valor da indenização extremamente excessivo - Adequação, ainda, da condenação aos alimentos devidos à viúva e filhos e condições de pagamento - Recurso parcialmente provido." (TJSP – Ap. n. 9067828-45.2009.8.26.0000 - 6ª Câm. -, Rel. Percival Nogueira, j. 03.03.11).

Responsabilidade civil ação de indenização por danos morais e materiais decorrentes de suposto erro de diagnóstico médico. O autor levado ao Pronto-socorro do hospital da requerida. Substituição de medicamento, sem a realização de exame radiográfico do pulmão. Posterior diagnóstico em outro hospital, de pneumonia com derrame pleural e suspeita de rotavírus. Evidenciada conduta culposa do médico. Plano de Saúde, proprietário do hospital, que responde pela conduta do médico, na medida em que o credenciara para prestar atendimento em seu pronto-socorro. Dano moral caracterizado. Indenização fixada que deve ser mantida. Danos materiais devidos. Sentença De procedência mantida. Recurso improvido (TJSP – Ap. n. 0170576-13.2006.8.26.0100 – 10ª Câm. – Rel. Coelho Mendes – j. 23.4.2013)

Apelação. Erro médico. Indenização por danos morais. Corte profundo na língua. Necessidade de sutura que deixou de ser realizada. Inexistência de sequelas, mas prolongamento da dor e do sofrimento da demandante que teve de buscar atendimento em outra unidade médica. Laudo pericial a comprovar que o procedimento indicado era a sutura do ferimento. Recurso do médico desprovido. Apelação. Erro médico. Unimed. Alegação de ausência de responsabilidade solidária. Entidade corresponsável pela conduta médica de seus cooperados.

Precedentes desta E. Corte. Recurso desprovido (TJSP – Ap. n. 9000040-97.2009.8.26.0037 – 10ª Câm. – Rel. Paulo Magano – j. 30.4.2013)

RESPONSABILIDADE CIVIL. ERRO MÉDICO. RESPONSABILIDADE DOS RÉUS. AUTORA QUE NÃO RECEBEU ATENDIMENTO CORRETO. IMPERÍCIA DO MÉDICO. OPERADORA E HOSPITAL QUE RESPONDEM OBJETIVAMENTE. DANO MATERIAL. DANO MORAL. INDENIZAÇÕES DEVIDAS. RECURSO PARCIALMENTE PROVIDO. Responsabilidade civil. Erro médico. Autora gestante que não recebeu adequado e pronto atendimento. Negativa de cobertura de exame. Alta médica sem investigação dos sintomas apresentados. Responsabilidade civil dos réus. Imperícia do médico. Concessão de alta médica sem investigar os reclamos da autora. Hospital e operadora do plano de saúde que respondem objetivamente. Código de Defesa do Consumidor. Indenizações devidas. Dano material. Dano moral. Indenização fixada em R$ 40.000,00. Recurso parcialmente provido.
(TJSP; Apelação Cível 1012957-38.2014.8.26.0224; Relator (a): J.B. Paula Lima; Órgão Julgador: 10ª Câmara de Direito Privado; Foro de Guarulhos - 3ª Vara Cível; Data do Julgamento: 28/08/2018; Data de Registro: 19/12/2018)

AÇÃO DE INDENIZAÇÃO FUNDADA NA RESPONSABILIDADE CIVIL – Dano moral – Erro médico – Sentença de improcedência em relação à corré Haptech e procedente quanto ao pedido indenizatório direcionado ao hospital – Inconformismo do autor e do estabelecimento hospitalar – Constatada a legitimidade da empresa gestora do plano de saúde que nos termos do CDC é corresponsável pelos danos decorrentes da falha na prestação dos serviços de saúde – Perícia médica que confirma a negligência médica e aponta os desconfortos físicos enfrentados – Demonstrado o nexo causal entre o ato do médico falho e os problemas vivenciados pelo autor – Indenização por dano moral devida e ampliada – Provido o recurso do autor e desprovido o do corréu. (TJSP; Apelação Cível 1003497-71.2016.8.26.0704; Relator (a): José Carlos Ferreira Alves; Órgão Julgador: 2ª Câmara de Direito Privado; Foro Regional XV - Butantã - 2ª Vara Cível; Data do Julgamento: 19/03/2019; Data de Registro: 20/03/2019)

Com a mesma inclinação o Superior Tribunal de Justiça. A título de ilustração:

AGRAVO REGIMENTAL NO AGRAVO. RESPONSABILIDADE CIVIL. OPERADORA DE PLANO DE SAÚDE. ERRO MÉDICO.

1.- A operadora de plano da saúde responde por falhas nos serviços prestados por profissional médico credenciado. Precedentes desta Corte

2. - Agravo Regimental improvido.

(AgRg no AREsp 194.955/RJ, Rel. Ministro SIDNEI BENETI, TERCEIRA TURMA, julgado em 26/02/2013, DJe 20/03/2013).

14- FISIOTERAPIA E TRATAMENTO MULTIDISCIPLINAR

Ainda que se considere excluída a fisioterapia e demais tratamentos da previsão de cobertura contratual, tal exclusão deve ser mitigada em hipótese de estar a providência ligada à doença objeto de cobertura. De fato, a exclusão absoluta caracterizaria cláusula abusiva, contrária ao direito do consumidor, pois inviabilizaria a realização do pleno tratamento e, em consequência, o escopo do próprio contrato, qual seja, a preservação da saúde do beneficiário do plano.

Nem se diga que a mera circunstância de ser realizado o atendimento *em domicílio*, e não em regime de internação ou ambulatorial, justificaria a não cobertura.

De fato, se o mal impingido ao beneficiário tem cobertura prevista no contrato, sentido algum há na restrição ao atendimento respectivo somente em regime hospitalar, mesmo quando outro, menos custoso e mais benéfico ao paciente – e muitas vezes à própria operadora - se apresenta.

Também não se cogita de simples atendimento particular, mas, antes, o prolongamento do atendimento fisioterápico, fisiátrico, fonoaudiológico ou psicoterápico do paciente, ligado à doença cujo tratamento é coberto, e, por isso, sem a exclusão que em regra é genericamente prevista.

Esta tem sido a orientação adotada pelo E. Tribunal de Justiça do Estado de São Paulo. A título de ilustração:

> CONTRATO – Prestação de serviços – Plano de saúde – Tratamento domiciliar "home care"

– Negativa de cobertura – Restrição ao pagamento de sessões de fisioterapia – Abusividade – Reconhecimento – Situação de saúde do paciente que necessita de cuidados que vão além do simples auxílio de enfermagem – Internação domiciliar que se caracteriza como extensão da internação hospitalar, por se recomendar a continuidade daquela por motivo de ordem médica – Sessões de fisioterapia necessárias à reabilitação do paciente – Negativas que restringem obrigação fundamental inerente à própria natureza do contrato – Recurso improvido - (Apelação Cível n. 344.210-4/2 – São Paulo - 10ª Câmara de Direito Privado – Relator: Galdino Toledo Júnior – 25.04.06 - V.U. - Voto n. 1401)

SEGURO SAÚDE. Limitação de sessões de fisioterapia. Abusividade, ainda que se tratando de contrato de seguro, uma vez coberta a doença, estará coberto o tratamento. Invalidade da cláusula convencional. Incidência do art. 47 do Cód. de Defesa do Consumidor. Precedentes. Apelo desprovido (TJSP – 6ª Câm. – Ap. n. 990; 10.433290-7 – Rel. Roberto Solimene – j. 18.11.2010)

SEGURO SAÚDE. Paciente que sofreu acidente vascular cerebral, a cujo tratamento indicadas sessões de fisioterapia e fonoaudiologia. Recusa à cobertura, sob o fundamento de que excluídos tratamentos que sejam ministrados fora do regime de internação ou ambulatorial *(home care)*. Alegação ainda de expressa exclusão de tratamento fonoaudiológico. Abusividade. Garantia de atendimento a procedimento coberto, ainda que nos limites de reembolso do contrato. Recurso da autora parcialmente provido, desprovido o da ré. (TJSP – 1ª Câm. - Ap. n. 994.08.059980-0 – Rel. Cláudio Godoy – j. 26.10.2010)

EMBARGOS INFRINGENTES - PLANO DE SAÚDE - Caso concreto - Criança portadora de "Transtorno Invasivo do Desenvolvimento" - Autismo Atípico - Patologia incluída na cobertura do Contrato de Assistência À Saúde - Determinação de Médico Credenciado para tratamento mediante sessões de psicoterapia, fonoaudiologia e terapia ocupacional - Impossibilidade da empresa de saúde impor limitação ao tratamento prescrito por médico conveniado - Contrato que ao englobar tratamento admite a terapia que ordinariamente se faz necessária para sua consecução - Terapias inclusive já arroladas na atual Resolução da ANS sobre procedimentos médicos (Resolução nº 167) - Embargos infringentes rejeitados. (TJSP – EI n. 499.947-4/3-01 – 5ª Câm. – Rel. Oscarlino Moeller – J. 06.8.2008)

Plano de Saúde - Negativa de cobertura de tratamento de fisiologia, fonoaudiologia, fisiatria, terapia ocupacional e psicologia de paciente portador de "Síndrome de Down" - Não aplicação da Lei 9.656/98, servindo ela apenas como norte interpretativo – Aplicação do Código de Defesa do Consumidor - Cobertura devida - Exclusão de tratamentos que revelam desvantagem exagerada ao consumidor - Doença coberta pelo plano, sendo que o tratamento não pode ser dela dissociado - Sentença mantida - Recurso improvido (TJSP – Ap. n. 0007907-19.2009.8.26.0161 – 7ª Câm. – Rel. Luiz Antonio Costa – j. 30.5.2012)

PLANO DE SAÚDE - TUTELA ANTECIPADA - Agravo de Instrumento - Obrigação de custear sessão de fonoaudiologia, duas vezes por semana - Autor portador de autismo infantil - Imprescindibilidade desse tratamento atestada por médico e fonoaudiólogo - Impossibilidade de vedação pela operadora do plano de saúde - Contrato que ao englobar o tratamento admite a terapia que ordinariamente se faz necessária para sua consecução – Decisão mantida - Agravo de instrumento desprovido (TJSP – AI n. 0049206-32.2013.8.26.0000 – 8ª Câm. – Rel. Theodureto Camargo – j. 15.5.2013).

15 - HOME CARE

Ainda que não haja previsão *expressa* em contrato, nítida a obrigação de prestação dos serviços de *home care*.

Isto porque os cuidados de que necessita o paciente em tal regime podem ser equiparadas a internação domiciliar ou a extensão do tratamento médico a ele dispensado, qualificação jurídica que, à evidência, deve contar com cobertura contratual.

Neste sentido, aliás, já se pacificou a jurisprudência do E. Tribunal de Justiça do Estado de São Paulo, mediante a sua súmula n. 90:

> Súmula 90: Havendo expressa indicação médica para a utilização dos serviços de *home care*, revela-se abusiva a cláusula de exclusão inserida na avença, que não pode prevalecer.

Portanto, tratando-se de tratamento médico ou de modalidade atípica de internação, não cabe à operadora decidir sobre a sua *necessidade* ou *conveniência e extensão*, e muito menos sobre a sua *interrupção*, se já reconhecida a primeira, o que implica, em tal caso, a procedência de tutela cominatória.

Neste sentido tem se orientado há longa data parcela significativa da jurisprudência, tanto do TJSP, como do STJ, conforme os seguintes julgados:

TUTELA ANTECIPADA - Concessão - Assistência médico-hospitalar - Continuidade de tratamento médico pelo sistema home-care - Decisão acerca da persistência do atendimento que não cabe à operadora - Recurso não provido -*JTJ* 258/353

AÇÃO CAUTELAR INOMINADA - Deferimento, "initio litis", da tutela preventiva para o fim de determinar à seguradora, ora agravante, o fornecimento ao requerente do serviço de internação domiciliar denominada "Home Care" - Decisório que merece subsistir - Incontroversa, "in casu", a existência do liame contratual entre as partes - Dados amealhados, outrossim, que permitem entrever que o paciente necessita, pelo menos "prima facie", de cuidados especiais, que não se confundem com mera enfermagem domiciliar - Presença do "periculum in mora" evidenciada na espécie, diante da clara possibilidade de dano irreparável caso não seja concedida a tutela emergencial, comprometendo a eficácia e utilidade do provimento de mérito - Agravo não provido. (Agravo de Instrumento n. 201.683-4/6 - São Paulo - 10ª Câmara de Direito Privado - Relator: Paulo Dimas Mascaretti - 05.06.01 - V.U.)

ANTECIPAÇÃO DE TUTELA - Empresa de assistência médico-hospitalar - Pretendida cessação de tratamento médico pelo sistema domiciliar "home-care" - Inadmissibilidade - Tratamento que vinha sendo prestado ao paciente conveniado, não cabendo à operadora de assistência médica decidir sobre a continuidade ou não do conveniado - Recurso não provido. (Agravo de Instrumento n. 248.979-4 - São Paulo - 10ª Câmara de Direito Privado - Relator: Ruy Camilo - 20.08.02 - V.U.)

SEGURO-SAÚDE – Antecipação de tutela deferida, com vista a garantir cobertura de tratamento, no regime chamado home care – Pretendida exclusão contratual, sob expressão geral de assistência domiciliar – Intempestividade do recurso afastada, assim como deficiente formação do instrumento – Decisão fundamentada, em primeiro grau, mesmo que de modo conciso, como a lei o permite – Não identificação necessária e preconcebida do regime home care, que não deixa de ser de internação, sucedâneo da hospitalar, para lhe evitar os riscos e inconvenientes, com mera assistência domiciliar, para simples atendimento da comodidade do paciente ou de seus familiares – Tema aberto a discussão, ao cabo da instrução da causa, mas que, de qualquer forma, deixa transparecer a configuração dos pressupostos da antecipação de tutela, contraindicando sua revogação – Matéria preliminar rejeitada e agravo não provido. (Agravo de Instrumento n. 314.691-4/1-00 - São Paulo – 10ª Câmara de Direito Privado - Relator: Quaglia Barbosa – 18.11.03 - V.U.)

SEGURO SAÚDE - Cobertura - Tratamento médico-domiciliar ("home care") - Exclusão - Não caracterização - Inexistência de previsão específica para afastar a responsabilidade da seguradora - A internação domiciliar é uma extensão do tratamento médico, que visa evitar maior exposição do paciente aos riscos do ambiente hospitalar e melhora na sua qualidade de vida, mas não mera comodidade para o enfermo e seus familiares - Recurso desprovido.(Apelação Cível n. 306.887-4/2-00 - São Paulo - 5ª Câmara de Direito Privado - Relator: Francisco Casconi - 28.09.05 - V. U. - Voto n. 11.423)

PLANO DE SAÚDE. HOME CARE. Alegação de exclusão contratual. Abusividade. Forma especial de tratamento, com diversas vantagens, tanto para a paciente, quanto para a seguradora, haja vista o menor custo de manutenção do regime. Desvantagem excessiva à consumidora. Limitação que restringe direito fundamental inerente à natureza do contrato, de tal modo a ameaçar o objeto e o equilíbrio contratual. Necessidade de cobertura ao tratamento prescrito. Súmula 90, TJSP. Rol da ANS que estabelece a cobertura mínima obrigatória, referência apenas básica, não a máxima. Súmula 102, TJSP. Questão atinente ao reembolso é matéria estranha ao limite objetivo da lide. Pretensão recursal não conhecida. Sentença mantida. Apelo conhecido em parte e, na parte conhecida, improvido. (TJSP; Apelação Cível 1002824-76.2018.8.26.0003; Relator (a): Fábio Podestá; Órgão Julgador: 5ª Câmara de Direito Privado; Foro Regional III - Jabaquara - 1ª Vara Cível; Data do Julgamento: 15/04/2019; Data de Registro: 15/04/2019)

AGRAVO INTERNO NO AGRAVO EM RECURSO ESPECIAL. PLANO DE SAÚDE.

TRATAMENTO DOMICILIAR (HOME CARE). RECUSA INDEVIDA. CONCLUSÃO DO ACÓRDÃO EM SINTONIA COM A JURISPRUDÊNCIA DESTA CORTE. SÚMULA 83/STJ.

QUANTUM INDENIZATÓRIO RAZOÁVEL. NECESSIDADE DE REEXAME DE MATÉRIA FÁTICO-PROBATÓRIA. INCIDÊNCIA DA SÚMULA 7/STJ. AGRAVO INTERNO IMPROVIDO.

1. O Tribunal de origem julgou a lide de acordo com a convicção formada pelos elementos fático-probatórios existentes nos autos, concluindo pela injusta negativa de cobertura ao procedimento médico solicitado referente ao serviço de home care. Dessa forma, qualquer alteração nesse quadro quanto à falha na prestação do serviço da agravante demandaria o reexame de todo o conjunto probatório, o que é vedado a esta Corte ante o óbice da Súmula n. 7 do STJ.

2. O acórdão recorrido está em consonância com a orientação desta Corte, segundo a qual "o contrato de plano de saúde pode limitar as doenças a serem cobertas não lhe sendo permi-

tido, ao contrário, delimitar os procedimentos, exames e técnicas necessárias ao tratamento da enfermidade constante da cobertura" (AgInt no AREsp 622.630/PE, Relatora a Ministra Maria Isabel Gallotti, julgado em 12/12/2017, DJe 18/12/2017). Incidência, no ponto, do óbice da Súmula 83/STJ.

3. Em relação ao quantum indenizatório, a jurisprudência desta Corte Superior tem firmado entendimento no sentido de que o valor estabelecido pelas instâncias ordinárias somente deve ser revisto nas hipóteses em que a condenação se revelar irrisória ou excessiva, em desacordo com os princípios da razoabilidade e da proporcionalidade, o que não ocorre no caso dos autos. Dessa forma, levando-se em consideração as particularidades do caso, verifica-se que a quantia indenizatória fixada em R$ 10.000,00 (dez mil reais) não se mostra desproporcional e sua revisão demandaria, inevitavelmente, o reexame de matéria fático-probatória, razão pela qual deve ser ratificada a aplicação da Súmula n. 7 do STJ.

4. Agravo interno improvido. (AgInt no AREsp 1306108/DF, Rel. Ministro MARCO AURÉLIO BELLIZZE, TERCEIRA TURMA, julgado em 01/10/2018, DJe 05/10/2018)

AGRAVO INTERNO NO AGRAVO EM RECURSO ESPECIAL. PLANO DE SAÚDE. HOME CARE. ECUSA INJUSTIFICADA. DANO MORAL. CONFIGURAÇÃO. NÃO PROVIMENTO.

1. A negativa de serviço de home care ao segurado de plano de saúde, devidamente indicado para o tratamento do paciente, configura danos morais indenizáveis, conforme avaliação dos fatos empreendida na origem, insusceptível de reexame na via do recurso especial (Súmula 7/STJ).

2. Agravo interno a que se nega provimento. (AgInt no AREsp 1304926/MS, Rel. Ministra MARIA ISABEL GALLOTTI, QUARTA TURMA, julgado em 02/04/2019, DJe 08/04/2019).

16 - INÍCIO DE VIGÊNCIA

Assinado o contrato e paga a primeira mensalidade, isto é, cumprida integralmente a obrigação pelo consumidor, faz jus ao recebimento da contraprestação por parte da operadora do plano de saúde.

A "praxe" de vigência apenas após o segundo mês da assinatura não pode ser admitida.

Em primeiro lugar porque tal proceder, por vias transversas, acaba por ampliar indevidamente os prazos de carência – inclusive e, principalmente, em situações de urgência/emergência -, em evidente infração ao art. 12, inciso V, da Lei 9.656/96.

Em segundo lugar porque a Agência Nacional de Saúde, atenta a esta questão e às suas implicações, orienta, de forma expressa, que se considerará, para início de vigência contratual em planos individuais, a data da assinatura da proposta de adesão, da assinatura do instrumento jurídico em si ou a data de pagamento da mensalidade inicial - *o que ocorrer primeiro* - de forma a não haver prorrogação indevida dos prazos de carência. A respeito, confira-se:

http://bvsms.saude.gov.br/bvs/publicacoes/ans/Guia_orient_vol3.pdf.

Neste sentido, aliás, os seguintes julgados do E. Tribunal de Justiça do Estado de São Paulo:

PLANO DE SAÚDE - Negativa de cobertura de parto Procedência bem decretada - Início da vigência do contrato contada a partir da data da assinatura da proposta da adesão, consoante disposição da ANS - Parto realizado após o período de carência constante do contrato (trezentos dias) contado a partir da assinatura da proposta de adesão - Ausência, ademais, de indicação no instrumento de qualquer outra data para início da vigência - Honorários reduzidos Recurso parcialmente provido. (TJSP – 9ª Câm. – Ap. n. 0206751-64.2010.8.26.0100 – Rel. Galdino Toledo Júnior – j. 18.10.2011)

APELAÇÃO. AÇÃO DECLARATÓRIA E COMINATÓRIA. PLANO DE SAÚDE. Negativa de cobertura de despesas médicas e hospitalares, sob o argumento de que o contrato ainda não teria entrado em vigor. Inadmissibilidade. Considera-se vigente o contrato de plano de saúde desde a data da assinatura prevista na proposta de adesão, mostrando-se abusiva a cláusula que posterga o início da vigência para momento posterior à celebração. Aplicação do Código de Defesa do Consumidor. Precedentes desta E. Corte. Ademais, tratando-se de internação em caráter de urgência, o prazo máximo de carência deve ser de 24 horas. Inteligência do art. 12, inciso V, alínea "c", da Lei 9.656/98 e da Súmula nº 103 do TJSP. Dever de cobertura caracterizado. Vigência declarada a partir de 21/04/16. SUCUMBÊNCIA. Decaimento mínimo no apelante. Ônus que deverá ser suportado exclusivamente pela apelada. RECURSO PARCIALMENTE PROVIDO. (TJSP; Apelação Cível 1009164-92.2016.8.26.0007; Relator (a): Rosangela Telles; Órgão Julgador: 2ª Câmara de Direito Privado; Foro Regional VII - Itaquera - 3ª Vara Cível; Data do Julgamento: 02/05/2018; Data de Registro: 02/05/2018).

17 - INTERNAÇÃO PSIQUIÁTRICA – LIMITAÇÃO DE DIAS

Havendo expressa recomendação médica, incabível, a nosso ver, a limitação de dias para a cobertura contratual de internação psiquiátrica.

Com efeito, a Lei n. 9.656, de 03 de junho de 1998, que dispõe sobre os planos e seguros privados de assistência à saúde prevê, em seu artigo 10, que os planos de saúde ou seguros-referência deverão cobrir partos e tratamentos realizados exclusivamente no Brasil *das doenças relacionadas na Classificação Estatística Internacional de Doenças e Problemas Relacionados com a Saúde, da Organização Mundial da Saúde* (CID), salvo as exceções constantes dos incisos do próprio art. 10.

Assim, firmado contrato de plano ou seguro-saúde, incabível e ilegal a eventual exclusão à cobertura de tratamentos de males psiquiátricos, pois estes não constam do rol das exclusões constantes do citado art. 10.

Em caso de internação, absolutamente ilegal a limitação de dias, pois somente à equipe médica responsável pelo paciente cabe estipular o melhor tratamento e o período indispensável à internação.

Observe-se que a RESOLUÇÃO NORMATIVA - RN nº 211 do CONSU, de 11 DE JANEIRO DE 2010, já não prevê mais limitação de dias para internação psiquiátrica. Revogou a Resolução n. 11 do CONSU que introduziu, de modo ilegal – pois extrapolou o limite regulamentar e criou limitação aos direitos do consumidor -, aquela limitação.

A ilegalidade da limitação de dias de internação tem sido afirmada pela jurisprudência preponderante.

De fato, o Superior Tribunal de Justiça, mediante a sua súmula n. 302, fixou o entendimento de que:

> "É abusiva a cláusula contratual de plano de saúde que limita no tempo a internação hospitalar do segurado".

Em termos muito semelhantes posicionou-se o Tribunal de Justiça do Estado de São Paulo, conforme súmula n. 92:

"É abusiva a cláusula contratual de plano de saúde que limita o tempo de internação do segurado ou usuário".

Ainda no sentido do entendimento aqui exposto:

> "PLANO DE SAÚDE TRATAMENTO PSIQUIÁTRICO AÇÃO DECLARATÓRIA E COMINATÓRIA - Procedência, com condenação da ré a custear o tratamento médico de que necessita a autora Inconformismo da ré Preliminar de ilegitimidade ativa 'ad causam' Inconsistência Estipulação em favor de terceiro - Legitimidade do beneficiário para exigir o cumprimento da obrigação contratada- Insistência na exclusão de co-

bertura de despesas relativas à internação para tratamento psiquiátrico Ilegalidade Cláusula excludente que não é clara - Exclusão, ademais, que consubstancia desvirtuamento da finalidade do contrato. Manutenção da sentença por seus próprios fundamentos Aplicação do artigo 252 do Regimento Interno deste E. Tribunal de Justiça - Negado provimento ao apelo" (TJSP – Ap. n. 0118404-69.2007.8.26.0000 - 9ª Câmara de Direito Privado – Rel. Viviani Nicolau – j. 28.02.2012)

PLANO DE SAÚDE. Limitação de prazo de tratamento e internação psiquiátrica. Incidência do CDC e da Lei 9.656/98 à espécie, normas de ordem pública e de aplicação cogente aos fatos ocorridos na sua vigência. Não se justificam as limitações impostas pela ré ao restringir o número de dias de tratamento e de internação hospitalar, pois estipular o tempo necessário incumbe à equipe médica e não ao paciente. Cláusulas abusivas e, por consequência, nulas (CDC, art, 51, IV). Limitação de dias de internação também é vedada pelo art. 12, II, "a", da Lei 9.656/98 e pela Súmula nº 302 do STJ. Sentença mantida. Recurso não provido (TJSP – Ap. n. ° 0006551-94.2011.8.26.0362 - 10ª Câmara de Direito Privado – Rel. ROBERTO MAIA – j. 28.02.2012)

PLANO DE SAÚDE Cláusula limitativa de internação em estabelecimento psiquiátrico Disposição que embora não preveja expressamente limite de dias para internação, funda-se em item da Resolução nº 11 do CONSU, reconhecidamente ilegal. Abusividade configurada - Tratamento psiquiátrico recomendado à paciente por profissionais da área. Fato de estar ela respondendo a processo criminal, tendo sido condicionada a concessão de sua liberdade provisória à internação em hospital psiquiátrico, que não afasta a obrigação da requerida em prestar os serviços para os quais foi contratada. Sentença de procedência mantida Recurso desprovido (TJSP – Ap. n. º 9075902-59.2007.8.26.0000 - 1ª Câmara de Direito Privado – Rel. De Santi Ribeiro – j. 14.02.2012)

AÇÃO DE NULIDADE DE CLÁUSULA CONTRATUAL CUMULADA COM COBRANÇA. Seguro saúde. Autor sofre de psicopatologia proveniente do uso de drogas, razão pela qual foi internado para tratamento e recuperação. Seguradora defendeu a limitação da cobertura do tratamento de dependência química a 15 dias no ano, conforme contrato e Resolução do CONSU. Sentença de procedência, para declarar a nulidade da cláusula limitativa e condenar a ré ao custeio do tratamento prestado ao autor pelo período de internação. Apela a ré sustentando a legalidade da limitação de 15 dias para internação psiquiátrica, conforme cláusula contratual e Resolução nº 11 do CONSU; argumenta que a decisão causa desequilíbrio contratual. Descabimento. Em que pese a internação do dependente ultrapassar o limite estipulado por Resolução da ANS de 15 dias por ano, não há como interromper o tratamento por doença decorrente de psicopatologia proveniente do uso de drogas e álcool. Aplicação da súmula 302 do STJ, a restrição de 15 dias de internação, por ano, é abusiva, não podendo se sustentar. Apesar dos prejuízos acima dos limites contratuais, pela natureza peculiar do contrato, impõe-se a manutenção do tratamento necessário. Sentença confirmada. Recurso improvido. (TJSP – Ap. n.: 0205331-24.2010.8.26.0100 - 5ª Câmara de Direito Privado – Rel. James Siano – j. 24.01.2012)

PLANO DE SAÚDE INTERNAÇÃO EM HOSPITAL PSIQUIÁTRICO - Negativa à cobertura das despesas com internação em hospital especializado para tratamento psiquiátrico Recusa da operadora na expedição de guia de autorização sob o fundamento de exclusão expressa para esse tipo de tratamento, além de o contrato ser anterior à vigência da Lei 9656/98, não adaptado pelo segurado Inadmissibilidade Procedimento recomendado por especialista atestando a incapacidade do paciente para a prática de todo e qualquer ato da vida civil. Comprometimento cognitivo, intelectivo, e de desorientação alopsíquica. Cláusula manifestamente abusiva, a inibir cobertura em situações dessa ordem Sentença reformada Apelo provido (TJSP – Ap. n. 9094723-77.2008.8.26.0000 - 8ª Câmara de Direito Privado – Rel. Luiz Ambra – j. 07.12.2011)

AGRAVO DE INSTRUMENTO- Medida cautelar inominada Plano de saúde Concessão de liminar para determinar à ré, ora agravante, que mantenha a internação da autora no Hospital em que se encontra, arcando ainda com as despesas pertinentes, sob pena de multa diária, a ser revertida em favor da agravada - Inconformismo da ré Alegação de que a autora optou por permanecer no plano antigo, não regulamentado, anterior à Lei nº 9.656/98- Não acolhimento Tratamento psiquiátrico - Contrato anterior à Lei 9.656/98 - Negativa de cobertura - Aplicação das normas protetivas do Código de Defesa do Consumidor - Ofensa ao princípio da boa fé que deve nortear os contratos consumeristas - Precedentes deste Tribunal - Negado provimento ao recurso (TJSP – AI n. : 0395078-02.2010.8.26.0000 - 9ª Câmara de Direito Privado – Rel. Viviani Nicolau – j. 01 de fevereiro de 2011).

Apelação - Nulidade de Cláusula Contratual c.c.Indenização por Danos Materiais e Morais - Plano de Saúde - Limitação temporal de cobertura de tratamento do paciente, para tratamento de transtorno mental (psicose e transtornos de personalidade) e dependência química - O paciente necessita de internação psiquiátrica de longa permanência - Os procedimentos de saúde não devem sofrer limitações, quando há paciente em tratamento de grave enfermidade - Ofensa aos princípios básicos que norteiam o CDC e a Súmula 302 do c. STJ e 92 do E. TJ-SP - Cláusula abusiva - Decisão mantida – A Resolução n. 11 do CONSU não se presta a amparar a negativa de cobertura contratual - Trata-se de norma administrativa de conteúdo incompatível com os preceitos instituídos pela legislação em comento e, portanto, eivada de manifesta ilegalidade -Entendimento exposto em precedentes desta Corte - Inconformismo dos réus - Preliminar rejeitada - No mais, aplicação do art. 252 do Regimento Interno do E. Tribunal de Justiça - Mantida a decisão recorrida por seus próprios fundamentos - Recurso improvido (TJSP – 8ª Câm. – Ap. n. 00205624220088260554 - Rel. Ribeiro da Silva – j. 26.9.2012).

Observa-se, portanto, que o tratamento dos transtornos mentais deve ser integralmente suportado pelos planos ou seguros-saúde, não mais se justificando, seja em vista da legislação em vigor, seja da jurisprudência que a interpreta, a pretensão de exclusão da cobertura contratual ou de limitação do período de tratamento/internação.

O Superior Tribunal de Justiça, contudo, tem admitido a legalidade da coparticipação, desde que expressamente prevista, para internações psiquiátricas por prazos superiores a 30(trinta) dias:

AGRAVO INTERNO NO RECURSO ESPECIAL. PLANO DE SAÚDE. TRANSTORNOS PSIQUIÁ-

TRICOS. INTERNAÇÃO. PRAZO. SISTEMA DE COPARTICIPAÇÃO.VALIDADE.

1. Recurso especial interposto contra acórdão publicado na vigência do Código de Processo Civil de 2015 (Enunciados Administrativos nºs 2 e 3/STJ).

2. A Terceira Turma do Superior Tribunal de Justiça, no julgamento do Recurso Especial nº 1.511.640-DF, decidiu que a coparticipação prevista para as internações psiquiátricas superiores a 30 (trinta) dias é hipótese sensivelmente distinta daquela em que há cláusulas de restrição absoluta de cobertura de internações que extrapolam o prazo contratado. Precedente.

3. Não é abusiva a cláusula de coparticipação expressamente contratada e informada ao consumidor para a hipótese de internação superior a 30 (trinta) dias decorrente de transtornos psiquiátricos, pois destinada à manutenção do equilíbrio entre as prestações e contraprestações que envolvem a verdadeira gestão de custos do contrato de plano de saúde.

4. Agravo interno não provido.

(AgInt no REsp 1760077/SP, Rel. Ministro RICARDO VILLAS BÔAS CUEVA, TERCEIRA TURMA, julgado em 18/03/2019, DJe 21/03/2019).

18 - LEGITIMIDADE ATIVA DO BENEFÍCIÁRIO

A jurisprudência sedimentou o entendimento de que goza o beneficiário do plano de saúde de legitimidade para acionar diretamente a operadora, mesmo que a contratação tenha sido firmada por seu empregador ou associação de classe.

Isto porque, em realidade, trata-se do *consumidor direto* dos serviços prestados, extrapolando a sua condição a de mero beneficiário.

Neste sentido:

> PLANO DE SAÚDE. Legitimidade dos autores para figurarem no pólo ativo da ação. Contrato coletivo. Vínculo dos autores. Legitimidade dos beneficiários, destinatários finais dos serviços, para discutir em nome próprio e em caráter principal, as cláusulas gerais do ajuste. Denúncia unilateral do contrato. Aplicação dos ditames do CDC. A aparente proteção exclusiva do art. 13, parágrafo único, inciso II, aos contratos individuais, estende-se também aos contratos coletivos por adesão, sob pena de ferir gravemente todo o sistema protetivo tanto do Código de Defesa do Consumidor como da Lei nº 9.656/98. Nos contratos coletivos o beneficiário final é o consumidor, tal qual nos contratos individuais ou familiares. Nulidade reco-

nhecida, vedada a denúncia unilateral. Reajuste unilateral do prêmio, em percentual bem superior aos praticados à época ou divulgados pelos órgãos oficiais, fundado em alegado aumento de sinistralidade. Abusividade manifesta do reajuste aplicado. Inobservância do princípio da boa-fé. Aumento que viola o disposto no art 51, IX e XI, do CDC, aplicável à hipótese. Atitude lesiva que autoriza a manutenção da indenização estabelecida na r. sentença. Dano moral fixado em valor equilibrado. Sentença mantida. Recurso improvido. (TJSP – 2ª Câm. – Ap. n. 00374724720088260554 – Rel. José Joaquim dos Santos – j. 24.7.2012).

Legitimidade ativa "ad causam" – Demanda de revisão de contrato de plano de saúde - Legitimidade do segurado para Figurar no polo ativo – Figura do segurado que extrapola a do mero beneficiário – Preliminar afastada.

O autor não é simples beneficiário de plano de saúde coletivo. Trata-se, a verdade, de celebração de contrato de saúde coletivo à custa de outrem. Assim, a despeito de o seguro saúde ser regido por lei especial, é possível o emprego das normas do Código Civil para dar adequada tipificação jurídica à situação não regulada de modo expresso pela lei. Isso porque não faz o menor sentido enquadrar como singelo beneficiário do contrato coletivo de seguro o integrante do grupo ou associado que efetivamente arca com o pagamento dos prêmios. (TJSP – 8ª Câm. – Ap. n. 00012782320108260281 – Rel. Theodureto

Camargo – j. 04.7.2012).

A jurisprudência do TJSP, aliás, já se pacificou sobre a matéria:

> Súmula 101: O beneficiário do plano de saúde tem legitimidade para acionar diretamente a operadora mesmo que a contratação tenha sido firmada por seu empregador ou associação de classe.

19 - MATERIAL CIRÚRGICO

Como já ressaltamos ao tratarmos dos procedimentos de coluna, também em relação à colocação de *stents ou âncoras* não há de se confundir com a colocação de *prótese* ou *implante*, pois estes se destinam, repita-se, à substituição de membro ou função.

Mas ainda que assim não fosse, isto é, se se considerasse que o *stent* ou as âncoras ou material cirúrgico utilizados em procedimento constituiriam *implantes*, não cobertos, em princípio, pelos contratos, tal exclusão caracterizaria cláusula abusiva, contrária ao direito do consumidor, pois inviabilizaria a realização da cirurgia e, em consequência, o escopo do próprio contrato, qual seja, a preservação da saúde do beneficiário do plano. Em sentido próximo:

> CONTRATO – Prestação de Serviços – Plano de Saúde – Implante de prótese – Recusa da ré em custear o tratamento – Alegação de que o contrato exclui expressamente esta operação - Cláusula que exclui da cobertura a prótese – Cláusula abusiva – Não se exime o plano de saúde de custear a colocação de prótese de quadril sob o argumento de não cobrir esse tipo de procedimento – A prótese é meio necessário ao tratamento cirúrgico, condição de seu êxito - Recurso não provido (Apelação Cível n. 384.542-4/0-00 – Santo André - 7ª Câmara

> de Direito Privado - Relator: Gilberto de Souza Moreira – 06.12.06 - V.U. - Voto n. 8.149)

> CONTRATO – Prestação de serviços – Plano de saúde – Exclusão da cobertura dos stents – Inadmissibilidade – Se a colocação da prótese, órtese e dos stents faz parte do procedimento cirúrgico, a cláusula que exclui a cobertura destes materiais é abusiva – Recurso parcialmente provido. (Apelação Cível n. 414.656-4/1-00 – São Paulo - 9ª Câmara de Direito Privado - Relator: José Luiz Gavião de Almeida – 16.05.06 - v.u. - Voto n. 11.491

A jurisprudência do E. Tribunal de Justiça do Estado de São Paulo, aliás, já se pacificou a respeito:

> Súmula 93: "A implantação de *stent* é ato inerente à cirurgia cardíaca/vascular, sendo abusiva a negativa de sua cobertura, ainda que o contrato seja anterior à Lei n. 9.655/98"

O mesmo posicionamento é adotado pelo E. Tribunal de Justiça do Estado do Rio de Janeiro:

> Súmula 112: "É nula, por abusiva, a cláusula que exclui de cobertura a órtese que integre, necessariamente, cirurgia ou procedimento coberto por plano ou seguro de saúde, tais

como "stent" e marcapasso";

E também pelo E. Tribunal de Justiça do Estado de Pernambuco, mediante duas súmulas:

> Súmula 11: É abusiva a negativa de cobertura de *stent*, ainda que expressamente excluída do contrato de assistência à saúde

> Súmula 54: É abusiva a negativa de cobertura de próteses e órteses, vinculadas ou consequentes de procedimento cirúrgico, ainda que de cobertura expressamente excluída ou limitada, no contrato de assistência à saúde

Também a circunstância de se ratar de plano "antigo" em nada afeta a conclusão supra, pois, como vimos, os *princípios gerais* da novel legislação, que visam ao equilíbrio contratual e à boa-fé servem como parâmetros de interpretação. Além disso, sendo no mínimo equívoca a natureza das "âncoras", e tratando-se de consumo a relação travada pelas partes, as cláusulas que limitam os direitos do consumidor devem ser interpretadas de maneira restritiva. Com orientação próxima:

> Plano de Saúde - Contrato antigo – Ação objetivando compelir a ré ao reembolso de despesas com a colocação de um filtro *wire EZ* e um

wallstent carotídeo - Materiais, no caso, ligados ao ato cirúrgico - Cobertura reconhecida - Descabida, entretanto, a devolução em dobro da quantia paga conforme pretendido pelos autores, pois a cobrança decorreu da convicção desta de que não seria devida a cobertura dos materiais especiais utilizados - Indenização do dano moral também incabível, face à cláusula de exclusão existente no contrato, a respeito de cuja validade grassa divergência na jurisprudência - Recurso principal e adesivo desprovidos (TJSP – 2ª Câm - AC n. 484.495-4 – Rel. Des. Morato de Andrade – j. 04.11.2008)

PLANO DE SAÚDE - Cláusula excludente da cobertura de colocação de próteses e órteses - Aplicação de stent - Artefato indispensável ao próprio ato cirúrgico, com a finalidade de evitar intervenção mais grave ao paciente e mais dispendiosa à operadora de plano de saúde — Obscuridade dos termos prótese e órtese ao consumidor, que ferem princípio da transparência da oferta – Aplicação do Código de Defesa do Consumidor e da Lei 9.656/98 aos contratos relacionais celebrados antes de sua vigência, especialmente naquilo que consagra os princípios maiores do equilíbrio contratual e boa-fé objetiva - Abusividade da cláusula excludente - Ação improcedente – Recurso provido, para o fim de julgar procedente a ação. (TJSP – 4ª Câm. – AC n. 495.016-4 – Rel. Francisco Loureiro – j. 07.8.2008, v.u.).

20 - MEDICAMENTOS EM REGIME AMBULATORIAL

Os contratos de seguro ou plano de saúde, em regra, excluem tão somente as despesas relativas a medicamentos *fora do regime de internação hospitalar* ou em atendimento ambulatorial, na hipótese de ausência de *emergência ou urgência*.

Havendo necessidade de internação para aplicação do medicamento e acompanhamento de seus efeitos, contudo, impõe-se a cobertura.

A situação de emergência é representada pela circunstância de a não submissão do paciente ao tratamento prescrito poder lhe causar comprometimento funcional irreversível.

De fato, esta é, precisamente, a definição de caso de emergência prevista pela Lei n. 9.656/98 (art. 12, § 1º, I), isto é, "os [casos] que implicarem risco imediato de vida ou de lesões irreparáveis para o paciente, caracterizado em declaração do médico".

Assim, caracterizada a situação de emergência, e mais, havendo previsão contratual para a internação ou tratamento ambulatorial com o fornecimento de medicamentos, conclui-se que a recusa quanto à realização do procedimento postulado não possui amparo legal ou contratual, constituindo a negativa afronta ao disposto no art. 51, inciso IV, do CDC.

Esta tem sido, aliás, a orientação do E. Tribunal de Justiça do Estado de São Paulo:

Plano de Saúde - Aplicação do Medicamento Interferon com Internação Hospitalar - Indicação Médica - Negativa de Cobertura - Descabimento - Medicamento Necessário para o tratamento - Cláusula de Exclusão - Inadmissibilidade - Incidência Do Código De Defesa Do Consumidor - Recurso IMPROVIDO. (APELAÇÃO Nº 653.696-4/7-00, REL. A. C. MATHIAS COLTRO, J. 29.7.2009)

Plano de saúde - Aplicação do medicamento Interferon com internação hospitalar - Indicação médica - Efeitos colaterais - Negativa de cobertura - Descabimento - Medicamento necessário para o tratamento - Cláusula de exclusão - Inadmissibilidade - Artigo 51 do CDC - Inteligência – Recurso improvido. A negativa de aplicação do medicamento coloca em risco a vida da segurada. (apelação cível n° 569.014-4/9, Rel. Jesus Lofrano, j. 31.03.2009).

Plano de saúde. Cobertura de medicamento que pode ser ministrado fora de ambiente ambulatorial/hospitalar. Prescrição, todavia, determinando a aplicação no ambulatório do hospital. Cobertura admitida pela sentença. Apelação desprovida. Apelação cível 517.816-4/3-00, rel. Boris Kauffmann, j. 10.2.2009).

Apelação Cível. Plano de saúde – Recusa da ope-

radora do plano de saúde na cobertura do medicamento Pazopanibe, indicado por médico especialista para tratamento de sarcoma de partes moles, doença que acomete o autor – Sentença de procedência – Apelação da ré – Alegação de exclusão contratual, por ausência de previsão no rol de cobertura obrigatória da ANS – Medicamente registrado na ANVISA – Aplicação do Código de Defesa do Consumidor – Rol da ANS que não pode ser considerado taxativo – Escolha que cabe tão-somente ao médico responsável pelo paciente – Limitação abusiva – Súmulas nº 95 e 102 deste Egrégio Tribunal de Justiça – Dever de custeio do tratamento – Recusa injustificada – Danos morais configurados – Dano in re ipsa – Indenização mantida em R$ 9.540,00 – Sentença mantida na íntegra. Nega-se provimento ao recurso de apelação. (TJSP; Apelação 1005284-08.2018.8.26.0562; Relator (a): Christine Santini; Órgão Julgador: 1ª Câmara de Direito Privado; Foro de Santos - 3ª Vara Cível; Data do Julgamento: 31/10/2018; Data de Registro: 31/10/2018)

PLANO DE SAÚDE - Obrigação de fazer, consistente no fornecimento de medicamento - Procedência - Insurgência da requerida - Alegação de que o medicamento "Pazopanib 800mg/dia", indicado para o tratamento quimioterápico da coautora, é experimental - Medicamento para a moléstia (CID C49) que é "off label", e não experimental - Exclusão que contraria a função social do contrato, retirando do paciente a possibilidade de recuperação -

Aplicação das Súmulas 95, 96 e 102, desta Corte – Dano moral configurado – Valor da condenação por dano extrapatrimonial, fixado em R$15.000,00, que deve ser mantido, por ser razoável - REURSO IMPROVIDO.(TJSP; Apelação 1001877-55.2018.8.26.0477; Relator (a): Miguel Brandi; Órgão Julgador: 7ª Câmara de Direito Privado; Foro de Praia Grande - 1ª Vara Cível; Data do Julgamento: 24/01/2019; Data de Registro: 24/01/2019).

21 – MEDICAMENTO *OFF LABEL*

A eventual circunstância de não se encontrar o medicamento – por expressa indicação médica - inscrito na lista da ANS não exime o plano de saúde do dever de cobertura, conforme, aliás, jurisprudência pacífica do TJSP, sintetizado por sua súmula n. 102: "Havendo expressa indicação médica, é abusiva a negativa de cobertura de custeio de tratamento sob o argumento da sua natureza experimental ou por não estar previsto no rol de procedimentos da ANS".

Com a mesma orientação:

> AGRAVO DE INSTRUMENTO - PLANO DE SAÚDE – TUTELA DE URGÊNCIA – DEFERIMENTO - Paciente diagnosticada com esclerose múltipla e que necessita iniciar tratamento endovenoso com a medicação Alentuzumabe (Lemtrada) – Recusa da operadora de saúde ao argumento de que o procedimento não é previsto no rol da ANS – Descabimento Súmula 102 do TJSP - Relatório do médico assistente da autora que prescreve o tratamento com a medicamento em regime de internação hospitalar – Prejuízos evidentes à saúde da agravada em se aguardar o regular trâmite da ação sem o início do tratamento, com risco de retorno ao uso de cadeiras de rodas – Presentes os requisitos do artigo 300 do CPC - Decisão mantida

– NEGARAM PROVIMENTO AO RECURSO. (TJSP - Relator(a): Alexandre Coelho; Comarca: São Paulo; Órgão julgador: 8ª Câmara de Direito Privado; Data do julgamento: 14/05/2017; Data de registro: 14/05/2017)

Ação de obrigação de fazer – Plano de saúde – Decisão que revogou o deferimento da tutela provisória de urgência – Autor pleiteia a cobertura de procedimento cirúrgico de implantação de eletrodos cerebrais para tratamento de doença de Parkinson – Presença dos requisitos legais exigidos para o deferimento da medida pleiteada – O autor trouxe elementos de convicção suficientes acerca da necessidade do procedimento médico prescrito por especialistas que acompanham a evolução de seu caso – Procedimento de cobertura obrigatória segundo o rol da ANS – Não demonstrado, de plano, pelo agravado, que a hipótese não se adequa às diretrizes de utilização editadas pela ANS – Perigo de dano irreparável configurado diante do próprio estado de saúde do autor – Decisão reformada para deferir a tutela provisória de urgência – Determinação de que o requerido proceda à cobertura do procedimento cirúrgico, no prazo de cinco dias, sob pena de multa diária – Recurso provido. (TJSP; Agravo de Instrumento 2173799-94.2016.8.26.0000; Relator (a): Marcia Dalla Déa Barone; Órgão Julgador: 3ª Câmara de Direito Privado; Foro de Taquaritinga - 3ª Vara; Data do Julgamento: 01/11/2016; Data de Registro: 01/11/2016)

> Agravo de Instrumento – TUTELA ANTECIPADA - Plano de saúde -Decisão que antecipou os efeitos da tutela, para determinar que a agravante custeasse exame Imunohistoquimica PDL-1, medicamento pembrolizumab (Keytruda), 200mg utilizado no tratamento de câncer com metástase da agravada considerado experimental (off label) – negativa de cobertura ilegal – presentes os requisitos do art. 300 CPC – aplicação da Súmulas 95, 96 e 102 do TJSP – prazo de 5 dias, não pode ser entendido como exíguo - decisão mantida – Recurso não provido. (TJSP; Agravo de Instrumento 2225467-36.2018.8.26.0000; Relator (a): Moreira Viegas; Órgão Julgador: 5ª Câmara de Direito Privado; Foro Central Cível - 18ª Vara Cível; Data do Julgamento: 07/11/2018; Data de Registro: 07/11/2018)

Nem se diga que haveria prescrição do medicamento em contrariedade ao preconizado por sua bula, pois, conforme inclusive recentemente decidiu o STJ, não cabe ao plano de saúde tal verificação:

> RECURSO ESPECIAL. AÇÃO DE OBRIGAÇÃO DE FAZER. PLANOS DE SAÚDE.
>
> NEGATIVA DE PRESTAÇÃO JURISDICIONAL. AFASTADA. NEGATIVA DE FORNECIMENTO DE MEDICAÇÃO SOB O FUNDAMENTO DE SE TRA-

TAR DE TRATAMENTO EXPERIMENTAL. ILEGALIDADE DA RESOLUÇÃO NORMATIVA DA ANS.

USO FORA DA BULA (OFF LABEL). INGERÊNCIA DA OPERADORA NA ATIVIDADE MÉDICA. IMPOSSIBILIDADE. ROL DE PROCEDIMENTOS ANS. EXEMPLIFICATIVO.

MAJORAÇÃO DE HONORÁRIOS ADVOCATÍCIOS RECURSAIS.

1. Ação ajuizada em 06/08/14. Recurso especial interposto em 09/05/18 e concluso ao gabinete em 1º/10/18.

2. Ação de obrigação de fazer, ajuizada devido à negativa de fornecimento da medicação Rituximabe - MabThera para tratar idosa com anemia hemolítica autoimune, na qual se requer seja compelida a operadora de plano de saúde a fornecer o tratamento conforme prescrição médica.

3. O propósito recursal consiste em definir se a operadora de plano de saúde está autorizada a negar tratamento prescrito por médico, sob o fundamento de que sua utilização em favor do paciente está fora das indicações descritas na bula/manual registrado na ANVISA (uso off-label), ou porque não previsto no rol de procedimentos da ANS.

4. Ausentes os vícios do art. 1.022, do CPC/15, rejeitam-se os embargos de declaração.

5. A Lei 9.656/98 (Lei dos Planos de Saúde) estabelece que as operadoras de plano de saúde estão autorizadas a negar tratamento clínico

ou cirúrgico experimental (art. 10, I).

6. A Agência Nacional de Saúde Suplementar (ANS) editou a Resolução Normativa 338/2013, vigente ao tempo da demanda, disciplinando que consiste em tratamento experimental aquele que não possui as indicações descritas na bula/manual registrado na ANVISA (uso off-label).

7. Quem decide se a situação concreta de enfermidade do paciente está adequada ao tratamento conforme as indicações da bula/manual da ANVISA daquele específico remédio é o profissional médico. Autorizar que a operadora negue a cobertura de tratamento sob a justificativa de que a doença do paciente não está contida nas indicações da bula representa inegável ingerência na ciência médica, em odioso e inaceitável prejuízo do paciente enfermo.

8. O caráter experimental a que faz referência o art. 10, I, da Lei 9.656 diz respeito ao tratamento clínico ou cirúrgico incompatível com as normas de controle sanitário ou, ainda, aquele não reconhecido como eficaz pela comunidade científica.

9. A ingerência da operadora, além de não ter fundamento na Lei 9.656/98, consiste em ação iníqua e abusiva na relação contratual, e coloca concretamente o consumidor em desvantagem exagerada (art. 51, IV, do CDC).

10. O fato de o procedimento não constar do rol da ANS não afasta o dever de cobertura do plano de saúde, haja vista se tratar de rol meramente exemplificativo. Precedentes.

11. A recorrida, aos 78 anos de idade, foi diagnosticada com anemia hemolítica autoimune, em 1 mês teve queda de hemoglobina de 2 pontos, apresentou importante intolerância à corticoterapia e sensibilidade gastrointestinal a tornar recomendável superar os tratamentos infrutíferos por meio da utilização do medicamento Rituximabe - MabThera, conforme devidamente registrado por médico assistente. Configurada a abusividade da negativa de cobertura do tratamento.

12. Recurso especial conhecido e não provido, com majoração dos honorários advocatícios recursais.

(REsp 1769557/CE, Rel. Ministra NANCY ANDRIGHI, TERCEIRA TURMA, julgado em 13/11/2018, DJe 21/11/2018)

A recusa à cobertura somente será admissível em hipótese de indicação de medicamento importado não nacionalizado e sem registro na ANVISA, conforme decido pelo STJ em sede de Recurso Repetitivo:

RECURSO ESPECIAL. RITO DOS RECURSOS ESPECIAIS REPETITIVOS. PLANO DE SAÚDE. CONTROVÉRSIA ACERCA DA OBRIGATORIEDADE DE FORNECIMENTO DE MEDICAMENTO NÃO REGISTRADO PELA ANVISA. 1. Para efeitos do art. 1.040 do NCPC: 1.1. As operadoras de plano de saúde não estão obrigadas a fornecer medicamento não registrado pela ANVISA.

2. Aplicação ao caso concreto: 2.1. Não há ofensa ao art. 535 do CPC/73 quando o Tribunal de origem enfrenta todas as questões postas, não havendo no acórdão recorrido omissão, contradição ou obscuridade. 2.2. É legítima a recusa da operadora de plano de saúde em custear medicamento importado, não nacionalizado, sem o devido registro pela ANVISA, em atenção ao disposto no art. 10, V, da Lei nº 9.656/98, sob pena de afronta aos arts. 66 da Lei nº 6.360/76 e 10, V, da Lei nº 6.437/76. Incidência da Recomendação nº 31/2010 do CNJ e dos Enunciados nº 6 e 26, ambos da I Jornada de Direito da Saúde, respectivamente, A determinação judicial de fornecimento de fármacos deve evitar os medicamentos ainda não registrados na Anvisa, ou em fase experimental, ressalvadas as exceções expressamente previstas em lei; e, É lícita a exclusão de cobertura de produto, tecnologia e medicamento importado não nacionalizado, bem como tratamento clínico ou cirúrgico experimental. 2.3. Porém, após o registro pela ANVISA, a operadora de plano de saúde não pode recusar o custeio do tratamento com o fármaco indicado pelo médico responsável pelo beneficiário.

2.4. Em virtude da parcial reforma do acórdão recorrido, com a redistribuição dos ônus da sucumbência, está prejudicado o recurso especial manejado por ONDINA.

3. Recurso especial interposto pela AMIL parcialmente provido.

Recurso especial manejado por ONDINA prejudicado. Acórdão sujeito ao regime do art. 1.040 do NCPC.

(REsp 1712163/SP, Rel. Ministro MOURA RIBEIRO, SEGUNDA SEÇÃO, julgado em 08/11/2018, DJe 26/11/2018).

22 - MÉDICO NÃO CONVENIADO

Ilegal a exigência de que o atendimento ou a cirurgia sejam realizados por médico conveniado, pois tal proceder ofende a Resolução n. 08 do CONSU (art. 2º, inciso VI), e art. 6º, inciso II, do Código de Defesa do Consumidor.

Some-se a isso que, não pretendendo o consumidor a remuneração, pelo plano de saúde, do médico eleito, prejuízo algum haverá à operadora no custeio da internação e materiais cirúrgicos. Com esta orientação:

> "Ação de obrigação de fazer – Plano de saúde que não pode vincular a cobertura de procedimento cirúrgico à sua realização por médico credenciado – Abusividade – Ofensa ao art. 6º, II, do Código de Defesa do Consumidor, ao art. 1º, § 1º, da Lei 9.656/98 e art. 2º, VI, da Resolução n. 8 do CONSU – Opção do segurado utilizar-se dos préstimos do médico credenciado ou arcar com os honorários do médico particular – Inocorrência de ofensa aos arts. 3º e 4º, da Lei n. 5.764/71 – Recurso improvido" (TJSP – Ap. n. 518.617.4/2 – 7ª Câm. – Rel. Luiz Antonio Costa – j. 03.10.2007).

APELAÇÃO. Obrigação de fazer cumulada com

indenização e tutela antecipada. Plano de saúde. Sentença de parcial procedência. Insurgência de ambas as partes adstrita à obrigatoriedade de reembolso. Decisão correta. Tratamento médico do autor, com pneumonia em nosocômio credenciado, com auxílio de médicos não conveniados à requerida. Dever de reembolso pela requerida, relativo as despesas hospitalares. Caso o beneficiário do plano de saúde opte por realizar o seu tratamento com profissionais fora da rede credenciada da operadora, deve se submeter ao reembolso nos termos contratuais. Sentença mantida. Recursos a que se nega provimento.

(TJSP; Apelação Cível 1021598-68.2015.8.26.0001; Relator (a): José Rubens Queiroz Gomes; Órgão Julgador: 7ª Câmara de Direito Privado; Foro Regional I - Santana - 3ª Vara Cível; Data do Julgamento: 18/04/2018; Data de Registro: 18/04/2018).

23 - MIGRAÇÃO OU PORTABILIDADE – CARÊNCIA

Ainda que inequivocamente alertado o consumidor a respeito de prazos para fruição do novo plano – carência -, tal exigência padecerá de ilegalidade.

Isto porque caracterizada a *sucessão* dos contratos, isto é, a *continuidade* da relação negocial entre as partes ou seus sucessores, de forma que não se apresenta como razoável e equânime a exigência de cumprimento de novos períodos de carência.

Entendimento contrário implicaria afronta ao disposto no art. 51, inciso IV, do Código de Defesa do Consumidor, pois, sem qualquer razão fundada, estaria sendo submetido o tomador dos serviços prestados pela operadora a desvantagem exagerada, uma vez que, já tendo em uma oportunidade, de longa data, se sujeitado às carências impostas pelo plano de saúde, deveria sujeitar-se a limitação da mesma natureza pela simples circunstância de ter migrado do plano ou de operadora, sem solução de continuidade.

Incabível, pois, a previsão de *renovação* ou a *recontagem* dos períodos de carência do consumidor, pois se trata de cláusula iníqua, que ofende os princípios fundamentais do sistema jurídico a que pertence. Com tal orientação:

> Seguro saúde Portabilidade - Troca de plano de saúde sem cumprimento de novas carências – Cabimento - Cumprimento das exigências -

Aplicação da Resolução Normativa nº 252 da ANS - Decisão mantida - Recurso improvido.

A Resolução Normativa nº 252 da ANS determina a "dispensa do cumprimento de novos períodos de carência e de cobertura parcial temporária na contratação de novo plano de contratação individual ou familiar ou coletivo por adesão, na mesma ou em outra operadora de plano de assistência à saúde." (TJSP – Ap. n. 231430520118260011 – Rel. Jesus Lofrano, j. 09.11.2012).

PLANO DE SAÚDE - Atendimento de emergência - Parto - Migração do contrato dentro da rede da Unimed - Abusividade da reabertura do prazo de carência - Incidência do Código de Defesa do Consumidor e da Lei nº 9.656/98 - Questão relativa à ilegitimidade passiva da requerida resolvida por decisão saneadora, contra a qual não houve interposição de recurso - Sentença mantida - Recurso não provido (TJSP – Ap. n. 24871220098260653 – Rel. Luís Francisco Aguilar Cortez – j. 12.3.2013).

Anote-se, outrossim, que a portabilidade de carências está sujeita ao cumprimento dos requisitos elencados no art. 3º, da Resolução Normativa n. 186/2009 da ANS com a redação que lhe deu a RN n. 252/2011: (a) contratação individual ou familiar ou coletiva por adesão, após 1º de janeiro de 1999 ou adaptado à Lei n. 9.656/98; (b) estar adimplente junto à operadora do plano de origem; (c) possuir no mínimo dois anos de prazo de permanência no plano de origem na primeira portabilidade, ou três anos na hipótese de ter cumprido cobertura parcial temporária e um ano de permanência nas portabilidades posteriores; (d) o plano de destino estar em tipo compatível com o plano de origem; (e) a faixa de preço do plano destino ser igual ou inferior à que se enquadra o plano de origem, considerada a data da assinatura da proposta de adesão; (f) o plano de destino não estar em situação "ativo com comercialização suspensa" ou "cancelado".

Preenchidos os requisitos, o não atendimento à solicitação de portabilidade poderá ser superado por determinação judicial e, inclusive, caracterizar dano moral passível de compensação pecuniária, em razão da situação de desamparo criada. Neste sentido:

> PLANO DE SAÚDE. Ação de obrigação de fazer c.c. indenização por danos morais. Portabilidade. Migração para plano de saúde da ré. Autora gestante, com prescrição de parto cesariana. Negativa de custeio do plano de saúde sob a alegação de que a autora ainda estaria cumprindo prazo de carência. Direito à portabilidade não impugnado na apelação. Recurso restrito à tese de necessidade de cumprimento do prazo de carência. Recusa indevida, nos termos do art. 3º da RN nº 186/09 da ANS. Inaplicabilidade do art. 2º da Resolução nº 13/1998 do CONSU ao caso (cf. Enunciado nº 35 desta C. Câmara). Dano moral "in re ipsa". Indenização reduzida de R$ 19.080,00 para R$ 10.000,00. Valor em simetria com o art. 944 "caput" do CC, com os princípios da proporcionalidade/razoabilidade e com as circunstâncias do caso concreto. Sentença reformada, em parte. RE-

CURSO PARCIALMENTE PROVIDO. (TJSP; Apelação Cível 1012503-72.2018.8.26.0562; Relator (a): Alexandre Marcondes; Órgão Julgador: 3ª Câmara de Direito Privado; Foro de Santos - 4ª Vara Cível; Data do Julgamento: 13/02/2019; Data de Registro: 13/02/2019)

PLANO DE SAÚDE - Declaratória - Portabilidade e indenização por danos morais - Procedência do pedido - Inconformismo - Desacolhimento - Aplicação do disposto no art. 252 do RITJSP - Preenchimento dos requisitos que autorizam a portabilidade sem o cumprimento de novo prazo de carência - Inteligência do art. 3º da Resolução 186 da ANS - Alegação de inexistência de pedido de portabilidade de carências não comprovada - Dano moral configurado - Indenização fixada em R$ 5.000,00 - Observância dos princípios da proporcionalidade e da razoabilidade - Sentença mantida - Recurso desprovido. (TJSP; Apelação Cível 1022540-55.2018.8.26.0564; Relator (a): J.L. Mônaco da Silva; Órgão Julgador: 5ª Câmara de Direito Privado; Foro de São Bernardo do Campo - 7ª Vara Cível; Data do Julgamento: 20/03/2019; Data de Registro: 20/03/2019)

AÇÃO COMINATÓRIA. PORTABILIDADE ORDINÁRIA. Plano de saúde. Migração de plano. Portabilidade de carências. Sentença de improcedência. Aplicação do Código de Defesa do Consumidor. Abusividade da exigência de

cumprimento de cobertura parcial temporária para doença pré-existente. Documentos que demonstram a possibilidade da migração/portabilidade pretendida, independentemente do cumprimento de novos prazos de carência. Requisitos da Resolução 186/09 da ANS devidamente cumpridos. Precedentes. Sentença reformada. RECURSO PROVIDO.
(TJSP; Apelação Cível 1105202-47.2017.8.26.0100; Relator (a): Ana Maria Baldy; Órgão Julgador: 6ª Câmara de Direito Privado; Foro Central Cível - 8ª Vara Cível; Data do Julgamento: 04/04/2019; Data de Registro: 08/04/2019)

PLANO DE SAÚDE – OBRIGAÇÃO DE FAZER CUMULADA COM INDENIZATÓRIA – PORTABILIDADE COM APROVEITAMENTO DE CARÊNCIA – PREENCHIMENTO DOS REQUISITOS DISPOSTOS NA RESOLUÇÃO NORMATIVA Nº 186/2009 - COMPATIBILIDADE ENTRE OS PLANOS ATESTADA PELA AGÊNCIA NACIONAL DE SAÚDE – RECUSA INJUSTIFICADA – PROCEDÊNCIA MANTIDA – RECURSO NÃO PROVIDO. (TJSP; Apelação Cível 1007277-12.2015.8.26.0071; Relator (a): Erickson Gavazza Marques; Órgão Julgador: 5ª Câmara de Direito Privado; Foro de Bauru - 2ª Vara Cível; Data do Julgamento: 03/04/2019; Data de Registro: 08/04/2019).

24 - MIGRAÇÃO DE PLANO COLETIVO PARA INDIVIDUAL

Conforme prevê a resolução n. 19 do CONSU, em havendo o cancelamento do plano proporcionado pela empregadora, as operadoras de planos ou seguros de assistência à saúde *deverão* disponibilizar plano ou seguro individual ou familiar aos beneficiários.

Trata-se, pois, de norma cogente, que não pode ser afastada pelo mero desinteresse da operadora em comercializar planos individuais.

Há de se ressaltar, ainda, que não se trata de nova *comercialização* de plano individual, mas de mera *adaptação* daquele já existente.

Logo, a pretensão de migração, por estar de acordo com as leis e normas administrativas que regem a relação das partes, merece deferimento.

Esta, aliás, a mais recente orientação da jurisprudência do E. Tribunal de Justiça do Estado de São Paulo:

> PLANO DE SAÚDE - Término de plano de saúde coletivo mantido pela empregadora da autora - Migração para plano individual - Autoras pleiteiam a manutenção da cobertura sem a necessidade do cumprimento de novo período de carência - Possibilidade Aplicação do CDC, da Lei nº 9656/98 e do art. 1º, da

Res. CONSU nº 19 - Alegação de que não foi respeitado prazo para formalizar a opção (art. 2º Res. CONSU nº 19) Ausência de provas Sentença mantida Recurso desprovido. (TJSP – Ap. n. 0022708-89.2010.8.26.0003 – 4ª Câm. – Rel. Milton Carvalho – j. 12.4.2012)

PLANO DE SAÚDE - Contrato coletivo - Cancelamento do benefício pela empregadora - Pretensão de cobertura dos serviços médicos hospitalares em plano individual, nas mesmas condições de que gozava na modalidade coletiva, com dispensa de cumprimento de novos prazos de carência - Possibilidade - Incidência do disposto no art. 1º, da Resolução CONSU nº 19 - Autora idosa que já era beneficiária e não pode ser prejudicada por ato unilateral da empregadora - Portadora de enfermidade de alto risco - Doença que não é preexistente, pois não o era no momento do contrato original - Não se trata de contratação de novo plano de saúde, mas de adaptação do existente - Recurso provido.(TJSP - Apelação nº 0053944-59.2009.8.26.0564 – 10ª Câm. – Rel. João Batista Vilhena – j. 08.5.2012).

PLANO DE SAÚDE COLETIVO. RESCISÃO UNILATERAL. EFEITOS EM RELAÇÃO ÀS BENEFICIÁRIAS. 1. Rescisão. Entendimento jurisprudencial predominante do E. STJ pela inaplicabilidade art. 13, par. único, inciso II, Lei nº 9.656/98, aos planos coletivos. Possibilidade, em tese, da rescisão unilateral. Necessidade, entretanto, de cumprimento do art. 1º da Resolução do Consu nº 19, que determina a notificação dos beneficiários para a migração para plano individual da operadora sem cumprimento de carência ou ressalvas de doenças preexistentes. Porém, o valor do novo plano individual não precisa ser a mesma quantia paga no plano coletivo extinto. 2. Perda superveniente do objeto. Acordo para reestabelecimento do plano coletivo na Ação Civil Pública nº 1004704-03.2014.8.26.0405. Perda do objeto no tocante aos pedidos de manutenção do plano, afastamento de reajuste e devolução das quantias pagas a maior. Abertura de possibilidade das autoras aderirem aos termos do acordo após publicação do acórdão. 3. Dano moral. Para beneficiárias de idade avançada, a rescisão de forma ilegal do plano de saúde provoca relevante abalo psicológico, pois, em outro plano, estariam sujeitas ao cumprimento de carências e restrições sobre doenças preexistentes. Indenização devida, em patamar razoável. 4. Reconhecida a perda do objeto da ação no tocante aos pedidos de manutenção do plano, afastamento de reajuste e devolução das quantias pagas a maior. Prejudicado inteiramente o recurso da ré e parcialmente o recurso das autoras. Recurso das autoras, na parte não prejudicada, parcialmente provido. (TJSP; Apelação Cível 1008927-96.2014.8.26.0405; Relator (a): Mary Grün; Órgão Julgador: 7ª Câmara de Direito Privado; Foro de Osasco - 6ª Vara Cível; Data do Julgamento: 10/04/2019; Data de Registro: 11/04/2019)

O valor do plano individual, efetivada a migração, deve ser equivalente àquele que era suportado em conjunto pelo consumidor/beneficiário e sua empregadora – não se justificando a eventual pretensão de exclusão do montante custeado antes pela estipulante.

25 – OBESIDADE MÓRBIDA – CIRURGIA REPARADORA

Submetido o beneficiário de plano de saúde a cirurgia de "redução de estômago", destinada a combater *obesidade* mórbida, posterior intervenção destinada à remoção de excesso de pele constitui medida necessária e de evidente caráter reparador, por ser consequência direta da intervenção cirúrgica de redução da cavidade gástrica, não se confundindo com procedimento de caráter estético, em regra excluído da cobertura dos planos de saúde.

De fato, em vista deste caráter reparador, o procedimento acaba por integrar o *pleno* tratamento da doença, devendo também ser coberto, pois, pelo plano de saúde. Com esta orientação:

> "PLANO DE SAÚDE - Ação de Obrigação de Fazer -Segurado submetido à cirurgia de redução de estômago - Pretensão à cobertura de mamoplastia para retirada de excesso de pele, resultante do emagrecimento - Cirurgia reparadora, não estética - Procedimento complementar à cirurgia bariátrica e ao tratamento para perda de peso - Dever de cobertura - Dano moral configurado - Recurso não provido." (TJSP – Ap. n. 9190544-79.2006.8.26.0000 São Paulo, Rel. Luís Francisco Aguilar Cortez, 2ª Câmara de Direito Privado, julgado em 20/09/2011)

> SEGURO SAÚDE - Recusa de cobertura da cirurgia pósbariátrica para retirada de excesso de pele (dermolipectomia) - Existência de indicação médica para realização do procedimento - Necessidade de retirada do excesso de tecido considerado sequela – Finalidade reparadora de deformidade - Ausência de caráter estético - Procedimento decorrente da primeira cirurgia realizada e coberta pelo contrato (bariátrica) - Cláusula que exclui procedimentos clínicos ou cirúrgicos para fins estéticos - Hipótese de não incidência - Pedido de majoração de honorários em contrarrazões - Inadmissibilidade - Recurso desprovido (TJSP – Ap. n. 0024553-77.2011.8.26.0309 – 7ª Câm. – Rel. Mendes Pereira, j. 06.3.2013).

A jurisprudência do E. Tribunal de Justiça do Estado de São Paulo, aliás, já se pacificou neste sentido:

> Súmula 97: Não pode ser considerada simplesmente estética a cirurgia plástica complementar de tratamento de obesidade mórbida, havendo indicação médica.

Com a mesma orientação a jurisprudência do STJ:

RECURSO ESPECIAL. CIVIL. PLANO DE SAÚDE. PACIENTE PÓS-CIRURGIA BARIÁTRICA. DOBRAS DE PELE. CIRURGIAS PLÁSTICAS. NECESSIDADE. CARÁTER FUNCIONAL E REPARADOR. EVENTOS COBERTOS. FINALIDADE EXCLUSIVAMENTE ESTÉTICA. AFASTAMENTO. RESTABELECIMENTO INTEGRAL DA SAÚDE. DANOS MORAIS. CONFIGURAÇÃO. VALOR INDENIZATÓRIO. MANUTENÇÃO. RAZOABILIDADE. SÚMULA Nº 7/STJ.

1. Recurso especial interposto contra acórdão publicado na vigência do Código de Processo Civil de 2015 (Enunciados Administrativos nºs 2 e 3/STJ).

2. As questões controvertidas na presente via recursal são: a) se a operadora de plano de saúde está obrigada a custear cirurgias plásticas pós-bariátrica (gastroplastia), consistentes na retirada de excesso de pele em algumas regiões do corpo humano (mamas, braços, coxas e abdômen), b) se ocorreu dano moral indenizável e c) se o valor arbitrado a título de compensação por danos morais foi exagerado.

3. A obesidade mórbida é doença crônica de cobertura obrigatória nos planos de saúde (art. 10, caput, da Lei nº 9.656/1998). Em regra, as operadoras autorizam tratamentos multidisciplinares ambulatoriais ou indicações cirúrgicas, a exemplo da cirurgia bariátrica (Resolução CFM nº 1.766/2005 e Resolução CFM nº 1.942/2010). Por outro lado, a gastroplastia

implica consequências anatômicas e morfológicas, como o acúmulo de grande quantidade de pele flácida residual, formando avental no abdômen e em outras regiões do corpo humano.

4. Estão excluídos da cobertura dos planos de saúde os tratamentos com finalidade puramente estética (art. 10, II, da Lei nº 9.656/1998), quer dizer, de preocupação exclusiva do paciente com o seu embelezamento físico, a exemplo daqueles que não visam à restauração parcial ou total da função de órgão ou parte do corpo humano lesionada, seja por enfermidade, traumatismo ou anomalia congênita (art. 20, § 1º, II, da RN/ANS nº 428/2017).

5. Há situações em que a cirurgia plástica não se limita a rejuvenescer ou a aperfeiçoar a beleza corporal, mas se destina primordialmente a reparar ou a reconstruir parte do organismo humano ou, ainda, prevenir males de saúde.

6. Não basta a operadora do plano de assistência médica se limitar ao custeio da cirurgia bariátrica para suplantar a obesidade mórbida, mas as resultantes dobras de pele ocasionadas pelo rápido emagrecimento também devem receber atenção terapêutica, já que podem provocar diversas complicações de saúde, a exemplo da candidíase de repetição, infecções bacterianas devido às escoriações pelo atrito, odores e hérnias, não qualificando, na hipótese, a retirada do excesso de tecido epitelial procedimento unicamente estético, ressaindo sobremaneira o seu caráter funcional e reparador.

Precedentes.

7. Apesar de a ANS ter apenas incluído a dermolipectomia no Rol de Procedimentos e Eventos em Saúde para o tratamento dos males pós-cirurgia bariátrica, devem ser custeados todos os procedimentos cirúrgicos de natureza reparadora, para assim ocorrer a integralidade de ações na recuperação do paciente, em obediência ao art. 35-F da Lei nº 9.656/1998.

8. Havendo indicação médica para cirurgia plástica de caráter reparador ou funcional em paciente pós-cirurgia bariátrica, não cabe à operadora negar a cobertura sob o argumento de que o tratamento não seria adequado, ou que não teria previsão contratual, visto que tal terapêutica é fundamental à recuperação integral da saúde do usuário outrora acometido de obesidade mórbida, inclusive com a diminuição de outras complicações e comorbidades, não se configurando simples procedimento estético ou rejuvenescedor.

9. Em regra, a recusa indevida pela operadora de plano de saúde de cobertura médico-assistencial gera dano moral, porquanto agrava o sofrimento psíquico do usuário, já combalido pelas condições precárias de saúde, não constituindo, portanto, mero dissabor, ínsito às situações correntes de inadimplemento contratual.

10. Existem casos em que existe dúvida jurídica razoável na interpretação de cláusula contratual, não podendo ser reputada ilegítima ou injusta, violadora de direitos imateriais, a con-

duta de operadora que optar pela restrição de cobertura sem ofender, em contrapartida, os deveres anexos do contrato, tal qual a boa-fé, o que afasta a pretensão de compensação por danos morais.

11. Na hipótese, além de inexistir dúvida jurídica razoável na interpretação do contrato, a autora experimentou prejuízos com o adiamento das cirurgias plásticas reparadoras diante da negativa da operadora do plano de assistência médica, sobretudo porque agravou o estado de sua saúde mental, já debilitada pela baixa autoestima gerada pelas alterações anatômicas e morfológicas do corpo humano consequentes da cirurgia bariátrica, sendo de rigor o reconhecimento dos danos morais. Razoabilidade do valor fixado pelas instâncias ordinárias (R$ 10.000,00 - dez mil reais), que não se encontra exagerado nem ínfimo. Atendimento da razoabilidade e dos parâmetros jurisprudenciais. Incidência da Súmula nº 7/STJ.

12. Recurso especial não provido. (REsp 1757938/DF, Rel. Ministro RICARDO VILLAS BÔAS CUEVA, TERCEIRA TURMA, julgado em 05/02/2019, DJe 12/02/2019).

26 - PLANO COLETIVO – RESILIÇÃO UNILATERAL IMOTIVADA

Entendemos que mesmo em se tratando de plano coletivo, a cláusula que permite a resilição unilateral imotivada é iníqua e abusiva, pois coloca o consumidor em vantagem exagerada, uma vez que pode restar desprovido de cobertura do plano de saúde justamente no momento em que dele mais precisa.

O argumento de que não há impedimento legal à previsão de resilição unilateral do contrato não merece acolhida.

Isto porque, em plano de assistência à saúde, mantêm as partes relação de consumo, tratando-se de contrato de trato sucessivo de longa duração, e que se sujeita, portanto, ao Código de Defesa do Consumidor e às disposições que o regulamentam.

Nestas condições, a nosso ver, aplicável à hipótese a previsão contida no art. 22, inciso X, do Decreto 2.181/97 - que dispõe sobre a organização do Sistema Nacional de Defesa do Consumidor e estabelece as normas gerais de aplicação das sanções administrativas previstas na Lei 8.078/90, e dá outras providências.

Referida norma prevê como infração administrativa, sujeita à aplicação de multa, a previsão em contrato de cláusula que venha a "autorizar o fornecedor a cancelar o contrato unilateralmente, sem que igual direito seja conferido ao consumidor, ou permitir, *nos contratos de longa duração ou de trato sucessivo, o cancelamento sem justa causa e motivação, mesmo que dada ao consumidor a mesma opção*".

Assim, para a resilição unilateral do contrato, não se admitiria a mera denúncia vazia, que se apresenta manifestamente abusiva, pois vai de encontro à boa-fé que deve prevalecer nas relações obrigacionais, não podendo, portanto, prevalecer.

Em sentido próximo, em situação análoga, já decidiu o Egrégio Tribunal de Justiça do Estado de São Paulo:

> PLANO DE SAÚDE - Coletivo - Pretensão dos autores voltada ao reconhecimento da nulidade de cláusula contratual que autoriza a resolução unilateral de plano coletivo, além da declaração da vigência do ajuste e condenação da ré ao ressarcimento de gastos realizados com tratamento necessários - Procedência de ambas as ações (principal e cautelar) decretada corretamente em primeiro grau - Contrato em causa que se espraia para o futuro, criando expectativa de segurança para aquele que ingressa no sistema de previdência privada - Inadmissibilidade, destarte, da ruptura unilateral do liame por mera conveniência da contratada, em detrimento de um grupo de pessoas que confiou obter ampla cobertura, e que agora, ao atingirem uma idade mais avançada, não podem simplesmente ser lançadas ao desamparo - Demandada, ora apelante, que certamente encontrará na legislação pertinente meios para melhor equacionar a relação jurídica, harmonizando seus interesses com os demais participantes dessa relação de consumo - Simplista e cômoda postura de promover a resilição unilateral do contrato que se mostra mesmo abusiva, afrontando o disposto no art. 51, incisos IX e XI, do CDC - Apelo não provido. (Apelação Cível

n. 132.983-4/8 - São Paulo - 10ª Câmara de Direito Privado - Relator: Paulo Dimas Mascaretti - 25.03.03 - V.U.).

Plano de saúde. Rescisão unilateral do contrato pela operadora. Descabimento. Aplicação do art. 13, inciso II, da Lei 9.656/98. Precedentes. Decisão mantida. Recurso improvido (TJSP – 3ª Câm. – Ap. n. 91740033420078260000 – Rel. Jesus Lofrano – j. 30.8.2011).

O Superior Tribunal de Justiça, contudo, fixou, em termos gerais, entendimento *oposto* ao aqui sustentado, no sentido de que válida a rescisão unilateral, após a vigência de doze meses e mediante prévia notificação, devendo a avença, contudo, em relação a portadores de doença grave, permanecer até a conclusão do tratamento médico garantidor da sobrevivência ou incolumidade física. Como julgado paradigma:

> AGRAVO INTERNO NO AGRAVO EM RECURSO ESPECIAL. SEGURO SAÚDE. RESCISÃO UNILATERAL PELA OPERADORA. PRETENSÃO DE MANUTENÇÃO DA RELAÇÃO JURÍDICA. USUÁRIO EM TRATAMENTO DE DOENÇA GRAVE.
>
> 1. O plano de saúde coletivo pode ser rescindido ou suspenso imotivadamente (independentemente da existência de fraude ou inadimplência), após a vigência do período de doze meses e mediante prévia notificação do usuário com antecedência mínima de sessenta dias (artigo 17 da Resolução Normativa ANS 195/2009).

2. Nada obstante, no caso de usuário portador de doença grave, independentemente do regime de contratação do plano de saúde (coletivo ou individual), dever-se-á aguardar a conclusão do tratamento médico garantidor da sobrevivência e/ou incolumidade física para se pôr fim à avença.

3. Tal exegese coaduna-se, ademais, com o disposto no artigo 35-C da Lei 9.656/98, segundo a qual é obrigatória a cobertura do atendimento nos casos de emergência (como tal definidos os que implicarem risco imediato de vida ou de lesões irreparáveis para o paciente) ou de urgência (assim entendidos os resultantes de acidentes pessoais ou de complicações no processo gestacional).

4. Agravo interno não provido. (AgInt no AREsp 1333798/SP, Rel. Ministro LUIS FELIPE SALOMÃO, QUARTA TURMA, julgado em 21/02/2019, DJe 26/02/2019)

Exceção a tal entendimento, contudo, a hipótese de se tratar de plano coletivo empresarial com *menos* de trinta usuários, quando se exigirá, para a rescisão unilateral da operadora, diante da manifesta hipossuficiência da estipulante, apresentação de motivação idônea:

RECURSO ESPECIAL. CONTRATO COLETIVO DE PLANO DE SAÚDE COM MENOS DE TRINTA USUÁRIOS. NÃO RENOVAÇÃO. NECESSIDADE DE MOTIVO IDÔNEO.

AGRUPAMENTO DE CONTRATOS. LEI

9.656/98. RESOLUÇÃO ANS 195/2009 e RESOLUÇÃO ANS 309/2012. DISSÍDIO JURISPRUDENCIAL.

1. O artigo 13, parágrafo único, II, da Lei n° 9.656/98, que veda a resilição unilateral dos contratos de plano de saúde, não se aplica às modalidades coletivas, tendo incidência apenas nas espécies individuais ou familiares. Precedentes das Turmas da Segunda Seção do STJ.

2. A regulamentação dos planos coletivos empresariais (Lei n° 9.656/98, art. 16, VII) distingue aqueles com menos de trinta usuários, cujas bases atuariais se assemelham às dos planos individuais e familiares, impondo sejam agrupados com a finalidade de diluição do risco de operação e apuração do cálculo do percentual de reajuste a ser aplicado em cada um deles (Resoluções 195/2009 e 309/2012 da ANS).

3. Nesses tipos de contrato, em vista da vulnerabilidade da empresa estipulante, dotada de escasso poder de barganha, não se admite a simples rescisão unilateral pela operadora de plano de saúde, havendo necessidade de motivação idônea.

Precedente da Terceira Turma (RESP 1.553.013/SP, Relator Ministro Ricardo Villas Bôas Cueva, DJ 20.3.2018).

4. Para a caracterização do dissídio jurisprudencial, é necessária a demonstração da similitude fática e da divergência na interpretação do direito entre os acórdãos confrontados.

5. Recurso especial parcialmente conhecido, ao

qual se nega provimento.

(REsp 1776047/SP, Rel. Ministra MARIA ISABEL GALLOTTI, QUARTA TURMA, julgado em 23/04/2019, DJe 25/04/2019).

27 – PRÓTESES MAMÁRIAS - MASTECTOMIA

Necessária a extirpação de mamas por força de carcinoma ou suspeita de sua existência, cumpre ao plano de saúde arcar não apenas com a cirurgia *reparadora* – que não se confunde, conforme já deixamos assentado ao tratarmos da obesidade mórbida, com procedimento meramente estético -, mas também com as próteses indispensáveis à integridade física e psicológica da paciente.

Esta tem sido a orientação do Tribunal de Justiça do Estado de São Paulo, e também do STJ:

> PLANO DE SAÚDE - Cirurgia de mastectomia e reconstrução das mamas, com implantação de próteses - Indenização por danos material e moral - Natureza reparadora e não estética - Responsabilidade do custeio pela prestadora de serviços médicos hospitalares - Danos morais configurados, pela grave ofensa aos direitos de personalidade da autora - Sentença mantida. Recurso improvido (TJSP – Ap. n. 9160763412008826 – 2ª Câm. – Rel. Neves Amorim – j. 09.9.2011).

> PLANOS DE SAÚDE - Cirurgia de mastectomia e reconstrução de mamas, com im-

plantação de prótese - Natureza reparadora e não estética - Responsabilidade do custeio pela prestadora de serviços hospitalares - Danos morais configurados, pela grave ofensa aos direitos de personalidade da autora - Sentença mantida - NEGARAM PROVIMENTO AO RECURSO (TJSP – Ap. 9863745200782600000 – 7ª Câm. – Rel. Gilberto de Souza Moreira – j. 04.5.2012).

PLANO DE SAÚDE AÇÃO DE INDENIZAÇÃO - Reembolso de despesas médico-hospitalares - Cirurgia de reconstrução mamária - Extirpação da mama esquerda (em decorrência de carcinoma ductal invasivo) Procedimento que não pode ser considerado estético, mas sim reparador de deformidade que passou a existir diante da extirpação realizada - Recusa da seguradora abusiva Exclusão invocada que contraria a finalidade do contrato e representa abusividade que afronta ao CDC - Cobertura devida, sendo correto o reembolso integral das despesas havidas a esse título Restrição de reembolso, ademais, injustificada, porque a critério exclusivo da seguradora Sentença mantida Recurso improvido (TJSP – Ap. n. 1479065201082605510 – 8ª Câm. - Rel. Sales Rossi, j. 17.01.2013)

CIVIL. RECURSO ESPECIAL. INDENIZAÇÃO. DANO MORAL.NEGATIVA INJUSTA DE COBERTURA SECURITÁRIA MÉDICA.CABIMENTO.

1. Afigura-se a ocorrência de dano moral na hipótese de a parte, já internada e prestes ser operada naturalmente abalada pela notícia de que estava acometida de câncer , ser surpreendida pela notícia de que a prótese a ser utilizada na cirurgia não seria custeada pelo plano de saúde no qual depositava confiança há quase 20 anos, sendo obrigada a emitir cheque desprovido de fundos para garantir a realização da intervenção médica. A toda a carga emocional que antecede uma operação somou-se a angústia decorrente não apenas da incerteza quanto à própria realização da cirurgia mas também acerca dos seus desdobramentos, em especial a alta hospitalar, sua recuperação e a continuidade do tratamento, tudo em virtude de uma negativa de cobertura que, ao final, se demonstrou injustificada, ilegal e abusiva.

2. Conquanto geralmente nos contratos o mero inadimplemento não seja causa para ocorrência de danos morais, a jurisprudência do STJ vem reconhecendo o direito ao ressarcimento dos danos morais advindos da injusta recusa de cobertura securitária médica, na medida em que a conduta agrava a situação de aflição psicológica e de angústia no espírito do segurado, o qual, ao pedir a autorização da seguradora, já se encontra em condição de dor, de abalo psicológico e com a saúde debilitada.

3. Recurso especial provido. (RECURSO ESPECIAL Nº **1.190.880** - RS (2010/0071711-7); RELATORA: MINISTRA NANCY ANDRIGHI).

28 – PRÓTESE PENIANA

Também tem se firmado a jurisprudência no sentido de que, sendo a prótese peniana indispensável à tentativa de restabelecimento da saúde do consumidor e superação da disfunção erétil, impõe-se a sua cobertura pelo plano de saúde, a fim de que o contrato atinja o seu escopo.

De fato, assim como em outras negativas, a mera alegação de não se encontrar o procedimento no rol da ANS não se presta a justificar a cobertura, conforme súmula n. 102, do TJSP.

A título de ilustração:

> PLANO DE SAÚDE - NEGATIVA DE COBERTURA - Obrigação de fazer - Doença venosa oclusiva, que acarreta disfunção erétil - Paciente que tem indicação médica para a implantação cirúrgica de prótese peniana inflável - Obrigatoriedade de cobertura da prótese ligada ao ato cirúrgico e que melhor se adequa ao caso concreto e preserva a saúde física e psíquica do autor - Recusa abusiva - Precedentes Sentença mantida - Recurso desprovido (TJSP – Ap. n. 0032003-85.2012.8.26.0002 – 5ª Câm. – Rel. Moreira Viegas, j. 08.5.2013)

> Ementa – Direito Civil e Processual Civil – Danos Morais – Plano de Saúde – Prótese – Prótese peniana inflável – Doença de "Peyronie" – Implante decorrente do ato cirúrgico – Cláu-

sula excludente – Invalidade – Procedimento indicado pelo médico para o tratamento eficaz da doença – Precedente de casos análogos desta Corte – Precedentes do E. STJ – Sentença mantida – Recurso improvido (TJSP – Ap. n. 0216850-30.2009.8.26.0100 – 7ª Câm. – Rel. Luiz Antonio Costa – j. 12.6.2013)

PLANO DE SAÚDE - Unimed – Beneficiário portador de disfunção erétil por doença venosa oclusiva (fuga venosa) - Recusa da cobertura de fornecimento de prótese peniana inflável de 3 volumes adequada ao caso - Relatório médico indicando a necessidade da intervenção cirúrgica e da prótese específica - Sendo premente a necessidade da cirurgia, e indispensável a prótese inflável de 3 volumes, não só para a preservação da saúde do paciente, mas para que possa ter uma vida normal, aplica-se o disposto no inciso VII do art. 10º da Lei n. 9.656/98, quanto à obrigatoriedade do fornecimento da prótese, quando ligada ao ato cirúrgico, e que deve ser a que melhor se adequa ao estado clínico - É abusiva a pretensão de se excluir procedimentos ou fornecimento de materiais necessários e inerentes ao ato cirúrgico, que não sejam de cobertura obrigatória imposta pela Agência Nacional de Saúde Suplementar ANS, pondo em risco a saúde do paciente em caso de impossibilidade de pagamento - Prótese de cobertura obrigatória inadequada - Precedentes deste E. Tribunal - Recurso desprovido (TJSP – Ap. n. 0156885-19.2012.8.26.0100 – 1ª Câm. – Rel. Alcides Leopoldo e Silva Júnior – j. 23.7.2013).

Apelação. Plano de Saúde. Ação de obrigação de fazer. Operadora que se nega a cobrir implante de prótese peniana inflável sob a alegação de que o Rol de Procedimentos Obrigatórios da ANS apenas compreende próteses semirrígidas. Abusividade. Aplicação da Súmula 102 do TJSP. Precedentes desta E. Corte. Sentença de procedência mantida. Recurso improvido. (TJSP; Apelação Cível 1086001-06.2016.8.26.0100; Relator (a): Pedro de Alcântara da Silva Leme Filho; Órgão Julgador: 8ª Câmara de Direito Privado; Foro Central Cível - 14ª Vara Cível; Data do Julgamento: 28/02/2019; Data de Registro: 28/02/2019).

29 – QUIMIOTERAPIA

Conforme jurisprudência pacífica do TJSP, havendo expressa indicação médica, não cabe à operadora do plano de saúde recusar a cobertura de determinados medicamentos. Este entendimento encontra-se sintetizado pela súmula n. 95.

> Súmula 95: "Havendo expressa indicação médica, não prevalece a negativa de cobertura de custeio ou fornecimento de medicamentos associados a tratamento quimioterápico".

E – importantíssimo - a cobertura, nesta hipótese, *abrange também medicamento ministrado pela via oral*, pois a sua prescrição e aplicação, altamente especializadas, estão embutidas no próprio tratamento quimioterápico. O termo *quimioterapia*, portanto, deve ser interpretado em sentido *amplo*, não se restringindo ao tratamento realizado no hospital. Com esta orientação:

> Ementa - Agravo de Instrumento - Insurgência contra decisão que indeferiu pleito de antecipação da tutela para fornecimento do medicamento "Xeloda" - Doença coberta pelo contrato - A operadora pode estabelecer quais

doenças estão sendo cobertas, mas não o tipo de tratamento indicado para a respectiva cura - Medicamento correlato ao tratamento de quimioterapia, ministrado em ambiente domiciliar - Não pode o paciente, em razão de cláusula limitativa, ser impedido de receber tratamento com o método mais moderno disponível no momento em que instalada a doença coberta – Jurisprudência dominante do STJ Súmula nº 95 da Seção de Direito Privado I deste Tribunal - Tutela antecipada deferida - Recurso provido (TJSP – AI n. 0034885-89.2013.8.26.0000 – 7ª Câm. – Rel. Luiz Antonio Costa – j. 22.5.2013).

PLANO DE SAÚDE - Ação cominatória - Decisão que impôs à ré o custeio de tratamento quimioterápico à autora

portadora de câncer - Terapia medicamentosa que pode ocorrer por via oral, intramuscular ou por soro - Não cabimento da tese da recorrente de que os medicamentos prescritos por médico especializado não se enquadram como quimioterapia, por serem ministrados de modo oral e na própria residência do paciente - Drogas a serem ministradas de aplicação altamente especializada, daí porque é possível considerá-las como embutidas na modalidade de tratamento coberto contratualmente - Também incabível negar cobertura ao paciente para realização de exame específico ao planejamento do melhor tratamento, ao fundamento de que o procedimento não está previsto no rol da Agência Nacional de Saúde - Demorados trâmites administrativos de classificação não podem deixar a paciente a descoberto, colocando em risco bens existenciais - Sentença mantida - Recurso não provido (TJSP – Ap. n. 0170757-72.2010.8.26.0100 – 6ª Câm. – Rel. Francisco Loureiro – j. 13.6.2013).

PLANO DE SAÚDE - Cobertura – Medicamentos Xeloda e Temodal para tratamento de neoplasia maligna neuroendócrina - Distinção entre medicamentos experimentais e o uso off label - Prescrição médica – Drogas comercializadas no País - Obrigatoriedade do fornecimento do medicamento ainda que para uso off label - Recurso desprovido. (Relator(a): Alcides Leopoldo e Silva Júnior; Comarca: Birigüi; Órgão julgador: 1ª Câmara de Direito Privado; Data do julgamento: 06/06/2016; Data de registro: 06/06/2016)

PLANO DE SAÚDE – COBERTURA INDEVIDAMENTE NEGADA – INDICAÇÃO MÉDICA – FÁRMACO QUE CONSTA DA LISTA DE MEDICAMENTOS DE REFERÊNCIA DA ANVISA - ALEGAÇÃO DE MEDICAMENTO OFF-LABEL AFASTADA – DANOS MORAIS INOCORRENTES - SENTENÇA REFORMADA EM PARTE – RECURSO PARCIALMENTE PROVIDO. (Relator(a): Giffoni Ferreira; Comarca: Osasco; Órgão julgador: 2ª Câmara de Direito Privado; Data do julgamento: 20/06/2016; Data de registro: 20/06/2016)

O mesmo entendimento já foi adotado pelo Superior Tribunal de Justiça:

> PROCESSUAL CIVIL. AGRAVO REGIMENTAL NO AGRAVO EM RECURSO ESPECIAL. PLANO DE SAÚDE. OFENSA AO ART. 535 DO CPC. INOCORRÊNCIA. FORNECIMENTO DE MEDICAMENTO DESTINADO À QUIMIOTERAPIA MINISTRADA EM AMBIENTE DOMICILIAR. RECUSA. CLÁUSULA ABUSIVA. DECISÃO MANTIDA.
>
> 1. Inexiste afronta ao art. 535 do CPC quando o acórdão recorrido analisou todas as questões pertinentes à solução da lide, pronunciando-se de forma clara e suficiente sobre a questão posta nos autos.
>
> 2. É abusiva a cláusula contratual que exclui da cobertura do plano de saúde o fornecimento de medicamento para quimioterapia tão somente pelo fato de ser ministrado em ambiente domiciliar.
>
> Precedentes.
>
> 3. Agravo regimental a que se nega provimento. (AgRg no AREsp 147.376/SP, Rel. Ministro ANTONIO CARLOS FERREIRA, QUARTA TURMA, julgado em 06/12/2012, DJe 14/12/2012).

30 - REAJUSTE POR FAIXA ETÁRIA DE IDOSO

Tal reajuste – decorrente da alteração de faixa etária - é *expressamente vedado* pelo Estatuto do Idoso (art. 15, § 3º, da Lei n. 10.741/2003), norma de ordem pública que implicaria, em princípio, reconhecimento *de ofício* da nulidade.

Nem se diga que, por se tratar de contrato *anterior* à novel legislação, não estaria sujeito à sua incidência, na medida em que o negócio jurídico, como temos sustentado no decorrer deste trabalho, por ser de *trato sucessivo*, deve se sujeitar às inovações legais.

Com esta orientação farta jurisprudência. A título de ilustração:

> Plano de saúde – Reajuste de mensalidades em razão de faixa etária – Descabimento – Contrato que, embora não adaptado à Lei n. 9656/98, se sujeita à Lei n. 10741/2003 (Estatuto do idoso), norma de ordem pública, que, em princípio, se sobrepõe às cláusulas estipuladas entre as partes – Aumento que impõe onerosidade excessiva, configurando dano de difícil reparação – Antecipação da tutela deferida para o fim de se determinar que a empresa se abstenha de aplicar o reajuste em função da idade – Devolução dos valores pagos a maior que deverá ser apreciada por ocasião do julgamento de mérito – Recurso provido em parte. (Agravo de Instru-

mento n. 600.709-4/5 – São Bernardo do Campo – 9ª Câmara de Direito Privado – Relator: Grava Brazil – 18.11.08 – V.U. – Voto n. 4750)

CONTRATO – Prestação de Serviços – Plano de Saúde – Ação de revisão dos reajustes e restituição de cobrança indevida - Reajuste em razão da idade da contratante - Consumidora com mais de sessenta anos - Contrato de trato sucessivo - Aplicação do § 3º, do artigo 15 do Estatuto do Idoso, para impedir o reajuste por faixa etária – Procedência da ação – Recurso provido (Recurso Inominado n. 28.612 - São Paulo – 3ª Turma Cível do Colégio Recursal dos Juizados Especiais Cíveis e Criminais – Relator: João Batista Silvério da Silva – 15.05.08 - V.U. - Voto n. 253)

CONTRATO – Prestação de Serviços – Plano de Saúde – Reajuste em razão da idade do contratante – Aplicação do Estatuto do Idoso, no caso, para impedir o reajuste por faixa etária – Possibilidade – Contrato de trato sucessivo que deve se sujeitar à nova lei – Hipótese em que não se trata de retroação da lei, pela natureza do contrato – Recurso provido. (Apelação cível n. 501.199-4/4 – São Paulo – 9ª Câmara de Direito Privado - Relator: Antonio Vilenilson – 25.03.08 – M.V. – Voto n. 6.308-J)

> AÇÃO CIVIL PÚBLICA – Liminar – Plano de saúde – Reajuste em razão da mudança de faixa etária dos segurados e dependentes que completaram 60 anos de idade – Verossimilhança das alegações e fundado receio de dano irreparável ou de difícil reparação – Ocorrência – Aplicação do disposto no § 3º do art. 15 da Lei n. 10.741/2003 (Estatuto do Idoso) – Precedentes do Superior Tribunal de Justiça – Liminar concedida para determinar que a agravante se abstenha de reajustar os valores dos prêmios do plano de saúde com fundamento na mudança de faixa etária dos segurados e de seus dependentes – Recurso improvido. (Agravo de Instrumento n. 623.889-4/3 – São Paulo – 7ª Câmara de Direito Privado – Relator: Elcio Trujillo – 08.04.09 – V.U. – Voto n. 7927)

A jurisprudência do E. TJSP, aliás, já se pacificou sobre a questão:

> Súmula n. 91: Ainda que a avença tenha sido firmada antes de sua vigência, é descabido, nos termos do art. 15, § 3º, do Estatuto do Idoso, o reajuste da mensalidade de plano de saúde por mudança de faixa etária.

Durante certo período este também foi o entendimento do STJ:

CIVIL E PROCESSO CIVIL. RECURSO ESPECIAL. AÇÃO DECLARATÓRIA E DE OBRIGAÇÃO DE FAZER C/C PERDAS E DANOS. SEGURO SAÚDE. REAJUSTE DE MENSALIDADES EM RAZÃO DE MUDANÇA DE FAIXA ETÁRIA. CONTRATO CELEBRADO ANTERIORMENTE À VIGÊNCIA DA LEI 9656/98 E DO ESTATUTO DO IDOSO.

REEXAME DE MATÉRIA FÁTICA E INTERPRETAÇÃO DE CLÁUSULAS CONTRATUAIS.

1. O surgimento de norma cogente (impositiva e de ordem pública), posterior à celebração do contrato de trato sucessivo, como acontece com o Estatuto do Idoso, impõe-lhe aplicação imediata, devendo incidir sobre todas as relações que, em execução contratual, realizarem-se a partir da sua vigência, abarcando os planos de saúde, ainda que firmados anteriormente à vigência do Estatuto do Idoso.

2. O consumidor que atingiu a idade de 60 anos, quer seja antes da vigência do Estatuto do Idoso, quer seja a partir de sua vigência (1º de janeiro de 2004), está sempre amparado contra a abusividade de reajustes das mensalidades dos planos de saúde com base exclusivamente na mudança de faixa etária.

3. Em relação ao reajuste efetivado pela recorrida em período anterior à vigência da norma protetiva do idoso, a análise deve-se dar sob a ótica do Código de Defesa do Consumidor. Contudo, não cabe a esta Corte, em sede de recurso

especial, rever a conclusão do Tribunal de origem no que tange à ausência de abusividade ou desproporcionalidade do reajuste, em prejuízo do consumidor, a partir da análise pontual e individualizada de cada um dos percentuais previstos no contrato antes da entrada em vigor do Estatuto do Idoso. Incidência das Súmulas 5 e 7/STJ.

4. Recurso especial conhecido em parte e, nesta parte, provido. (REsp 1228904/SP, Rel. Ministra NANCY ANDRIGHI, TERCEIRA TURMA, julgado em 05/03/2013, DJe 08/03/2013)

AGRAVO REGIMENTAL. PLANO DE SAÚDE. REAJUSTE EM FUNÇÃO DE MUDANÇA DE FAIXA ETÁRIA. CONTRATO CELEBRADO ANTERIORMENTE À VIGÊNCIA DO ESTATUTO DO IDOSO. NULIDADE DE CLÁUSULA.

1.- É nula a cláusula de contrato de plano de saúde que prevê reajuste de mensalidade baseado exclusivamente na mudança de faixa etária, ainda que se trate de contrato firmado antes da vigência do Estatuto do Idoso, porquanto, sendo norma de ordem pública, tem ela aplicação imediata, não havendo que se falar em retroatividade da lei para afastar os reajustes ocorridos antes de sua vigência, e sim em vedação à discriminação em razão da idade.

2.- Ademais, o art. 51, IV, do Código de Defesa do Consumidor permite reconhecer a abusividade da cláusula, por constituir obstáculo à continuidade da contratação pelo beneficiário, devendo a administradora do plano de saúde demonstrar a proporcionalidade entre a nova mensalidade e o potencial aumento de utilização dos serviços, ou seja, provar a ocorrência de desequilíbrio ao contrato de maneira a justificar o reajuste.

3.- Agravo Regimental improvido. (AgRg no REsp 1324344/SP, Rel. Ministro SIDNEI BENETI, TERCEIRA TURMA, julgado em 21/03/2013, DJe 01/04/2013)

O Superior Tribunal de Justiça, contudo, no final do ano de 2016 *alterou* o seu entendimento, para vedar o reajuste do idoso somente em hipótese de caracterização de *discriminação* ou quando não atendido o critério da razoabilidade:

RECURSO ESPECIAL REPETITIVO. NEGATIVA DE PRESTAÇÃO JURISDICIONAL.

NÃO OCORRÊNCIA. CIVIL. PLANO DE SAÚDE. MODALIDADE INDIVIDUAL OU FAMILIAR. CLÁUSULA DE REAJUSTE DE MENSALIDADE POR MUDANÇA DE FAIXA ETÁRIA. LEGALIDADE. ÚLTIMO GRUPO DE RISCO. PERCENTUAL DE REAJUSTE.

DEFINIÇÃO DE PARÂMETROS. ABUSIVIDADE. NÃO CARACTERIZAÇÃO. EQUILÍBRIO FINANCEIRO-ATUARIAL DO CONTRATO.

1. A variação das contraprestações pecuniárias dos planos privados de assistência à saúde em razão da idade do usuário deverá estar prevista

no contrato, de forma clara, bem como todos os grupos etários e os percentuais de reajuste correspondentes, sob pena de não ser aplicada (arts. 15, caput, e 16, IV, da Lei nº 9.656/1998).

2. A cláusula de aumento de mensalidade de plano de saúde conforme a mudança de faixa etária do beneficiário encontra fundamento no mutualismo (regime de repartição simples) e na solidariedade intergeracional, além de ser regra atuarial e asseguradora de riscos.

3. Os gastos de tratamento médico-hospitalar de pessoas idosas são geralmente mais altos do que os de pessoas mais jovens, isto é, o risco assistencial varia consideravelmente em função da idade. Com vistas a obter maior equilíbrio financeiro ao plano de saúde, foram estabelecidos preços fracionados em grupos etários a fim de que tanto os jovens quanto os de idade mais avançada paguem um valor compatível com os seus perfis de utilização dos serviços de atenção à saúde.

4. Para que as contraprestações financeiras dos idosos não ficassem extremamente dispendiosas, o ordenamento jurídico pátrio acolheu o princípio da solidariedade intergeracional, a forçar que os de mais tenra idade suportassem parte dos custos gerados pelos mais velhos, originando, assim, subsídios cruzados (mecanismo do community rating modificado).

5. As mensalidades dos mais jovens, apesar de proporcionalmente mais caras, não podem ser majoradas demasiadamente, sob pena de o negócio perder a atratividade para eles, o que co-

locaria em colapso todo o sistema de saúde suplementar em virtude do fenômeno da seleção adversa (ou antisseleção).

6. A norma do art. 15, § 3º, da Lei nº 10.741/2003, que veda "a discriminação do idoso nos planos de saúde pela cobrança de valores diferenciados em razão da idade", apenas inibe o reajuste que consubstanciar discriminação desproporcional ao idoso, ou seja, aquele sem pertinência alguma com o incremento do risco assistencial acobertado pelo contrato.

7. Para evitar abusividades (Súmula nº 469/STJ) nos reajustes das contraprestações pecuniárias dos planos de saúde, alguns parâmetros devem ser observados, tais como (i) a expressa previsão contratual;

(ii) não serem aplicados índices de reajuste desarrazoados ou aleatórios, que onerem em demasia o consumidor, em manifesto confronto com a equidade e as cláusulas gerais da boa-fé objetiva e da especial proteção ao idoso, dado que aumentos excessivamente elevados, sobretudo para esta última categoria, poderão, de forma discriminatória, impossibilitar a sua permanência no plano; e (iii) respeito às normas expedidas pelos órgãos governamentais: a) No tocante aos contratos antigos e não adaptados, isto é, aos seguros e planos de saúde firmados antes da entrada em vigor da Lei nº 9.656/1998, deve-se seguir o que consta no contrato, respeitadas, quanto à abusividade dos percentuais de aumento, as normas da legislação consumerista e, quanto à validade formal da cláusula, as diretrizes da Súmula Normativa nº 3/2001 da ANS.

b) Em se tratando de contrato (novo) firmado ou adaptado entre 2/1/1999 e 31/12/2003, deverão ser cumpridas as regras constantes na Resolução CONSU nº 6/1998, a qual determina a observância de 7 (sete) faixas etárias e do limite de variação entre a primeira e a última (o reajuste dos maiores de 70 anos não poderá ser superior a 6 (seis) vezes o previsto para os usuários entre 0 e 17 anos), não podendo também a variação de valor na contraprestação atingir o usuário idoso vinculado ao plano ou seguro saúde há mais de 10 (dez) anos.

c) Para os contratos (novos) firmados a partir de 1º/1/2004, incidem as regras da RN nº 63/2003 da ANS, que prescreve a observância (i) de 10 (dez) faixas etárias, a última aos 59 anos; (ii) do valor fixado para a última faixa etária não poder ser superior a 6 (seis) vezes o previsto para a primeira; e (iii) da variação acumulada entre a sétima e décima faixas não poder ser superior à variação cumulada entre a primeira e sétima faixas.

8. A abusividade dos aumentos das mensalidades de plano de saúde por inserção do usuário em nova faixa de risco, sobretudo de participantes idosos, deverá ser aferida em cada caso concreto. Tal reajuste será adequado e razoável sempre que o percentual de majoração for justificado atuarialmente, a permitir a continuidade contratual tanto de jovens quanto de idosos, bem como a sobrevivência do próprio fundo mútuo e da operadora, que visa comumente o lucro, o qual não pode ser predatório,

haja vista a natureza da atividade econômica explorada: serviço público impróprio ou atividade privada regulamentada, complementar, no caso, ao Serviço Único de Saúde (SUS), de responsabilidade do Estado.

9. Se for reconhecida a abusividade do aumento praticado pela operadora de plano de saúde em virtude da alteração de faixa etária do usuário, para não haver desequilíbrio contratual, faz-se necessária, nos termos do art. 51, § 2º, do CDC, a apuração de percentual adequado e razoável de majoração da mensalidade em virtude da inserção do consumidor na nova faixa de risco, o que deverá ser feito por meio de cálculos atuariais na fase de cumprimento de sentença.

10. TESE para os fins do art. 1.040 do CPC/2015: O reajuste de mensalidade de plano de saúde individual ou familiar fundado na mudança de faixa etária do beneficiário é válido desde que (i) haja previsão contratual, (ii) sejam observadas as normas expedidas pelos órgãos governamentais reguladores e (iii) não sejam aplicados percentuais desarrazoados ou aleatórios que, concretamente e sem base atuarial idônea, onerem excessivamente o consumidor ou discriminem o idoso.

11. CASO CONCRETO: Não restou configurada nenhuma política de preços desmedidos ou tentativa de formação, pela operadora, de "cláusula de barreira" com o intuito de afastar a usuária quase idosa da relação contratual ou do plano de saúde por impossibilidade financeira.

Longe disso, não ficou patente a onerosidade

excessiva ou discriminatória, sendo, portanto, idôneos o percentual de reajuste e o aumento da mensalidade fundados na mudança de faixa etária da autora.

12. Recurso especial não provido.

(REsp 1568244/RJ, Rel. Ministro RICARDO VILLAS BÔAS CUEVA, SEGUNDA SEÇÃO, julgado em 14/12/2016, DJe 19/12/2016)

Logo, somente se *provada* a causa justa para a *majoração* da mensalidade, nos termos da tese fixada em recurso repetitivo, pode esta ser admitida. Ausente prova robusta, de rigor será a declaração da nulidade da majoração,

31 – REAJUSTE POR FAIXA ETÁRIA AOS 59 ANOS

Entendemos que reajuste exorbitante da mensalidade realizado aos 59, e não aos 60 anos, tem o intuito de burlar o Estatuto do Idoso, pois este seria o último reajuste por idade permitido, uma vez que, como vimos, o artigo 15, parágrafo 3º, da Lei 9.656/98, veda a discriminação do idoso nos planos de saúde pela cobrança de valores diferenciados em razão da idade. Sendo assim, ao estabelecer um aumento substancial e desproporcional no contrato aos 59 anos, a operadora de plano de saúde tangencia a figura da lesão (artigo 157 do Código Civil) e aproximar-se-ia ao dolo de aproveitamento, pois "anteciparia" em um ano um reajuste que expressamente é vedado por lei.

O *caput* do art 4º da Lei nº 8.078/90 é claro ao estabelecer que o objetivo da Política Nacional de Relações de Consumo deve ser o atendimento às necessidades dos consumidores, o respeito à sua dignidade, *saúde* e segurança, a proteção de seus interesses econômicos, a melhoria de sua qualidade de vida, bem como a transparência e harmonia das relações de consumo.

Outrossim, o inciso I do citado dispositivo é expresso sobre a necessidade de observância do princípio da vulnerabilidade do consumidor, pois se trata da parte mais frágil na relação de consumo.

Por fim, o Código de Defesa do Consumidor, em seu art. 51, reza que são: "nulas de pleno direito, entre outras, as cláusulas contratuais relativas ao fornecimento de produtos e serviços que: IV- estabeleçam obrigações consideradas iníquas, abusivas, que coloquem o consumidor em desvantagem exagerada, ou sejam incompatíveis com a boa-fé ou a equidade; X- permitam ao fornecedor, direta ou indiretamente, variação do preço de maneira unilateral."

O E. TJSP tem se orientado no sentido de reconhecer o caráter abusivo do reajuste de planos de saúde a partir da mudança de faixa etária, ainda mais em se tratando de acréscimo passível de onerar, de forma concreta, o orçamento do usuário:

> PLANO DE SAÚDE - AÇÃO DECLARATÓRIA DE NULIDADE DE CLÁUSULA CONTRATUAL - Procedência - Cláusula que prevê aumento em razão de mudança de faixa etária - Aplicação de percentual de 145% - Abusividade - Embora a clareza da redação da referida cláusula, o aumento nela previsto afronta a regra do artigo 51, IV, do CDC - Percentual de reajuste abusivo e em desacordo com as normas da ANS (Resolução Normativa CONSU 63/2003) - Nulidade de reajuste fundado em cláusula que prevê a mudança em decorrência de alteração de faixa etária corretamente decretada - Sentença que autorizou apenas o reajuste anual autorizado pela ANS - Precedentes desta Câmara (envolvendo, inclusive, a mesma seguradora, UNIMED) - Sentença mantida - Recurso improvido (Ap. 0207046-38.2009.8.26.0100 - Relator: Salles Rossi - 8ª Câmara de Direito Privado, j. 05/05/2010).

> Nulidade de reajuste de plano de as-

sistência médico-hospitalar. Polo passivo impôs à autora aumento superior a 140%. Onerosidade excessiva caracterizada. Relação de consumo presente. Abusividade reconhecida. Observância do percentual de reajuste determinado pela ANS deve prevalecer. Devido processo legal levado em consideração. Pragmatismo processual deve ser ressaltado. Apelos desprovidos (Ap. 0121427-86.2008.8.26.0000 – 4ª Câm. Direito Privado – Rel.: Natan Zelinschi de Arruda, j. 10.12.2009)

Logo, caracterizado o abuso do reajuste por faixa etária – devendo ser observados os parâmetros estabelecidos pelo STJ para o reajuste aos idosos, conforme item anterior -, deve ser restabelecido o valor anteriormente praticado, facultada a atualização da prestação, todavia, pelos índices adotados pela ANS.

32 - REAJUSTE POR SINISTRALIDADE

Ausente, a nosso ver, qualquer ilegalidade na previsão contratual de majoração da mensalidade pelo aumento da sinistralidade, uma vez que proporciona o *equilíbrio* contratual a partir de cálculos atuariais. Com esta orientação:

> SEGURO SAÚDE. Ação declaratória de nulidade de cláusulas contratuais julgada parcialmente procedente para afastar o reajuste por sinistralidade. Cerceamento de defesa não configurado. Julgamento "citra petita". Vício sanado com fundamento no art. 1.013, § 3º, III do CPC/2015. Cláusulas prevendo reajuste por sinistralidade e Variação de Custos Médico-Hospitalares – VCMH. Validade. Reajustes desta natureza que, no entanto, dependem de justificativa idônea, inexistente no caso concreto. Violação do dever de informação. Expurgo dos reajustes impugnados, substituídos pelos aumentos autorizados pela ANS no respectivo período. Nulidade da cláusula contratual prevendo a possibilidade de rescisão unilateral e imotivada do contrato. Incidência do art. 13, parágrafo único, II da Lei nº 9.656/98, aplicável extensivamente aos contratos coletivos de seguro saúde. Precedentes. Ação parcialmente procedente. RECURSO DAS AUTORAS PARCIAL-

MENTE PROVIDO, DESPROVIDOS OS DAS RÉS. (TJSP; Apelação 1009596-97.2014.8.26.0002; Relator (a): Alexandre Marcondes; Órgão Julgador: 3ª Câmara de Direito Privado; Foro Central Cível - 5ª Vara Cível; Data do Julgamento: 04/09/2018; Data de Registro: 04/09/2018)

PLANO DE SAÚDE COLETIVO – REAJUSTE POR SINISTRALIDADE – Possibilidade de reajuste, desde que comprovado o aumento perpetrado – Precipitação da sentença que julgou antecipadamente a lide, não produzindo a prova técnica requerida pela ré – Cerceamento de defesa caracterizado – Necessidade de se aferir os fatos alegados, a partir de prova contábil a ser produzida – Anulação da sentença e determinação de retorno dos autos à Vara de Origem, possibilitando a produção da prova requerida – Sentença anulada – Apelação provida..(TJSP; Apelação 0003402-42.2014.8.26.0538; Relator (a): Fábio Podestá; Órgão Julgador: 5ª Câmara de Direito Privado; Foro de Santa Cruz das Palmeiras - Vara Única; Data do Julgamento: 29/08/2018; Data de Registro: 29/08/2018)

Agravo de instrumento. Plano de saúde coletivo. Tutela antecipada negada. Reajuste da mensalidade. Faixa etária e sinistralidade. Ausência dos requisitos do artigo 300, do CPC. Índices aplicados não manifestamente abusivos. Reajuste do plano de saúde para 2017, no montante total de 18,98% e de 17,97% para 2018, sem comprovação do percentual a título de sinistralidade para sua categoria profissional. Pretensão que retroage ao exercício de 2009. Auditoria realizada pelo Tribunal de Contas que, a princípio, é insuficiente para aplicação ao caso, vez que genérico e sem estabelecimento de correlação com o plano dos agravantes. Reajuste por faixa etária. STJ firmou entendimento acerca da matéria, em julgamento de recurso repetitivo (REsp 1.568.244), segundo o qual, mesmo em contratos de plano de saúde individual, os reajustes por faixa etária são permitidos, desde que observados os parâmetros fixados. Abusividade que requer contraditório e eventual dilação probatória. Possibilidade de violação dos princípios do contraditório e ampla defesa. Agravo não provido. (TJSP; Agravo de Instrumento 2166695-80.2018.8.26.0000; Relator (a): Edson Luiz de Queiróz; Órgão Julgador: 9ª Câmara de Direito Privado; Foro Central Cível - 45ª Vara Cível; Data do Julgamento: 28/08/2018; Data de Registro: 29/08/2018)

PLANO DE SAÚDE. ação declaratória de nulidade de reajuste de planos de saúde c.c. devolução de valores pagos e pedido de tutela antecipada. SENTENÇA DE PARCIAL PROCEDÊNCIA. PLANO DE SAÚDE COLETIVO. REAJUSTE POR SINISTRALIDADE. Reajuste por sinistralidade em plano coletivo. Possibilidade condicionada à comprovação do desequilíbrio contratual provocado por eventual aumento de sinistralidade. Ausência. Aplicação do reajuste por índice da ANS para contratos particulares e familiares. Disposições contratuais que permitem o reajuste por sinistralidade não podem ser declaradas abusivas, uma vez que não são ilegais. Restituição das diferenças devidas. Recursos não providos. (TJSP; Apelação 1078312-71.2017.8.26.0100; Relator (a): Coelho Mendes; Órgão Julgador: 10ª Câmara de Direito Privado; Foro Central Cível - 37ª Vara Cível; Data do Julgamento: 28/08/2018; Data de Registro: 28/08/2018)

PLANO DE SAÚDE. ação declaratória de nulidade de reajuste de planos de saúde c.c. devolução de valores pagos e pedido de tutela antecipada. SENTENÇA DE PARCIAL PROCEDÊNCIA. PLANO DE SAÚDE INDIVIDUAL. REAJUSTE POR SINISTRALIDADE. Possibilidade condicionada à comprovação do desequilíbrio contratual provocado por eventual aumento de sinistralidade. Ausência. Aplicação do reajuste por índice da ANS para contratos particulares e familiares. Disposições contratuais que permitem o reajuste por sinistralidade não podem ser declaradas NULAS, uma vez que não são ilegais. SENTENÇA MANTIDA. Recursos não providos. (TJSP; Apelação 1062841-15.2017.8.26.0100; Relator (a): Coelho Mendes; Órgão Julgador: 10ª Câmara de Direito Privado; Foro Central Cível - 17ª Vara Cível; Data do Julgamento: 28/08/2018; Data de Registro: 28/08/2018)

Forçoso concluir, contudo, que, para que se admita tal reajuste, incumbe à operadora demonstrar a sua necessidade e proporcionalidade, que, evidentemente, não se presumem.

Logo, somente se *provada* a causa justa para a *majoração* da mensalidade poderá esta ser admitida. Ausente prova robusta, de rigor será a declaração da nulidade da majoração. Com esta orientação a jurisprudência mais recente:

> PLANO DE SAÚDE - O enunciado nº 469 da Súmula do Superior Tribunal de Justiça pacificou a aplicabilidade do Código de Defesa do Consumidor aos contratos de plano de saúde, sendo certo que nos contratos coletivos o beneficiário final é o consumidor, tal qual nos contratos individuais ou familiares - Muito embora não haja, aprioristicamente, abusividade na cláusula contratual que preveja reajuste das mensalidades dado o aumento da sinistralidade ou dos custos operacionais, no presente caso, não há qualquer prova que justifique a majoração da mensalidade no montante aplicado. Recurso desprovido (TJSP – Ap. n. 0028791-87.2010.8.26.0000 – 9ª Câm. – Rel. Piva Rodrigues – j. 12.3.2013)

> PLANO DE SAÚDE. Idoso. Reajuste de mensalidade por sinistralidade. Abusividade. Estudos atuariais e de viabilidade que deveriam ser mais bem planejados. Apelante que não se de-

sincumbiu de seu ônus de comprovar a necessidade de aumento por sinistralidade Ausência de parâmetros especificados que permitem apenas a adoção do percentual de variação anual divulgado pela ANS Restituição de valores pagos nos termos da sentença Sentença confirmada, nos termos do artigo 252 do Regimento Interno do TJSP. Recurso não provido. (TJSP – Ap. n. 0197751-06.2011.8.26.0100 – 8ª Câm. – Rel. Hélio de Faria – j. 20.3.2013).

RECURSO ESPECIAL – CONTRATO DE SEGURO-SAÚDE DE REEMBOLSO DE DESPESAS MÉDICO-HOSPITALARES – PLANO EMPRESARIAL – CONTRATO FIRMADO ENTRE O EMPREGADOR E A SEGURADORA – NÃO-APLICAÇÃO DO CDC - CÓDIGO DE DEFESA DO CONSUMIDOR - E DA HIPOSSUFICIÊNCIA NA RELAÇÃO ENTRE AS EMPRESAS CONTRATANTES – CONTRATO ONEROSO – REAJUSTE – POSSIBILIDADE – ARTIGOS 478 e 479 DO CÓDIGO CIVIL – RECURSO ESPECIAL IMPROVIDO.

I - Trata-se de contrato de seguro de reembolso de despesas de assistência médica e/ou hospitalar, firmado entre duas empresas.

II - A figura do hipossuficiente, que o Código de Defesa do Consumidor procura proteger, não cabe para esse tipo de relação comercial firmado entre empresas, mesmo que uma delas seja maior do que a outra e é de se supor que o contrato tenha sido analisado pelos advogados de ambas as partes.

III - Embora a recorrente tenha contratado um seguro de saúde de reembolso de despesas médico-hospitalares, para beneficiar seus empregados, dentro do pacote de retribuição e de benefícios que oferta a eles, a relação da contratante com a seguradora recorrida é comercial.

IV - Se a mensalidade do seguro ficou cara ou se tornou inviável paras os padrões da empresa contratante, seja por variação de custos ou por aumento de sinistralidade, cabe ao empregador encontrar um meio de resolver o problema, o qual é de sua responsabilidade, pois é do seu pacote de benefícios, sem transferir esse custo para a seguradora. A recorrida não tem a obrigação de custear benefícios para os empregados da outra empresa.

V - A legislação em vigor permite a revisão ou o reajuste de contrato que causa prejuízo estrutural (artigos 478 e 479 do Código Civil – condições excessivamente onerosas). Não prospera o pleito de anulação da cláusula de reajuste, pois não se configura abusividade o reequilíbrio contratual.

VI – Recurso especial improvido. (REsp 1102848/SP, Rel. Ministra NANCY ANDRIGHI, Rel. p/ Acórdão Ministro MASSAMI UYEDA, TERCEIRA TURMA, julgado em 03/08/2010, DJe 25/10/2010)

AGRAVO REGIMENTAL NO AGRAVO EM RECURSO ESPECIAL. CONTRATO DE SEGURO-

SAÚDE EM GRUPO. PLANO EMPRESARIAL. REAJUSTE DA MENSALIDADE EM RAZÃO DO AUMENTO DA SINISTRALIDADE. POSSIBILIDADE. IMPROVIMENTO.

1.- A jurisprudência da Terceira Turma, no julgamento do REsp 1.102.848/SP, publicado no DJe de 25/10/2010, Relatora Ministra NANCY ANDRIGHI, Relator p/ Acórdão Ministro MASSAMI UYED, firmou o entendimento no sentido de que é permitida a revisão ou o reajuste de contrato de plano de saúde que causa prejuízo estrutural (artigos 478 e 479 do Código Civil - condições excessivamente onerosas), sendo devida a complementação das mensalidades depositadas em juízo.

2.- Agravo Regimental improvido. (AgRg nos EDcl nos EDcl no AREsp 269.274/GO, Rel. Ministro SIDNEI BENETI, TERCEIRA TURMA, julgado em 14/05/2013, DJe 06/06/2013).

33 – REEMBOLSO – LIMITAÇÃO CONTRATUAL

Havendo em contrato clara e expressa previsão de limitação de reembolso, em hipótese de atendimento fora da rede credenciada, não se vislumbra abusividade na aplicação dessa regra ou ofensa ao princípio da vulnerabilidade, previsto no Código de Defesa do Consumidor, pois tal limitação objetiva a preservação do equilíbrio econômico financeiro. Esta tem sido a posição prevalente:

> Recurso adesivo. Pagamento de honorários médicos. Inadmissibilidade. Contratação de médicos não cooperados sujeita apenas a reembolso e segundo os valores previstos na tabela que integra o contrato celebrado pelas partes.
>
> *A pretensão de pagamento de honorários médicos não encontra suporte, pois os honorários dos médicos contratados para atendimento particular do autor estão sujeitos apenas a reembolso e segundo os valores previstos na tabela que integra o contrato celebrado pelas partes. A invocação do Código de Defesa do Consumidor não autoriza o acolhimento da pretensão do autor, uma vez que o contrato faz lei entre as partes e, a menos que o disposto seja abusivo ou nulo, é ele que rege a relação entre os contratantes* (TJSP – Ap. 0021430-37.2011.8.26.0482 – 5ª Câm. –

Rel. Edson Luiz de Queiroz – j. 28.11.2012)

PLANO DE SAÚDE INTERNAÇÃO CARÊNCIA Cláusula abusiva, conforme entendimento sumulado da Corte (Enunciado nº 103) Reembolso de parte das despesas, porém, que deve se dar nos termos do contrato Precedentes do STJ e da própria Câmara Sentença reformada nesse ponto, sem influência na sucumbência (TJSP – Ap. 0010265-14.2012.8.26.0011 – 6ª Câm. – Rel. Percival Nogueira – j. 13.6.2013)

Plano de Saúde - Pleito de ressarcimento integral das despesas com cirurgia realizada fora da rede credenciada - Previsão contratual expressa de limitação do reembolso - Recusa de cobertura de material inerente ao ato cirúrgico - Regularidade no reembolso parcial, para preservação do equilíbrio econômico-financeiro, com exceção do material recusado, cuja cobertura deve ser integral. Dá-se provimento parcial ao recurso (TJSP – Ap. n. 0121801-35.2009.8.26.0011 – 1ª Câm. – Rel. Christine Santini – j. 04.6.2013)

Efetivado o atendimento, entretanto, em rede credenciada, cabe à operadora do plano o custeio das despesas do consumidor, *integralmente*, não mais sendo de cogitar de *limitação*, pois eventual controvérsia deve ser resolvida entre credenciador – operadora – e credenciado – Hospital.

34 – REPRODUÇÃO ASSISTIDA

Entendemos que inciso III, do art. 35-C, da Lei 9.656/98, incluído pela Lei n° 11.935/09, tornou obrigatória a cobertura do atendimento em caso de planejamento familiar, inserindo-se, neste campo, a fertilização *in vitro*.

Assim é porque o art. 2°, da Lei n° 9.263/96, que regulamentou o art. 226, §7°, da Constituição Federal, dispõe que o planejamento familiar consiste no "conjunto de ações de regulação da fecundidade que garanta direitos iguais de constituição, limitação ou aumento da prole pela mulher, pelo homem ou pelo casal".

Ora, nessas circunstâncias, inexistiria fundamento para a resistência dos planos de saúde a custear o tratamento de fertilização *in vitro*. Este, aliás, o entendimento majoritário que se consolidou, por razoável período, da jurisprudência do E. TJSP. A título de ilustração:

> PLANO DE SAÚDE - Cobertura contratual de procedimentos necessários à realização de fertilização *in vitro* - Sentença de procedência - Inconformismo da ré, operadora do plano de saúde -Não acolhimento - Desnecessária dilação probatória - Sentença válida - Há de prevalecer o direito da autora-apelada a ações de regulação da fecundidade que lhe permita constituir sua prole, sendo

de todo inválida a cláusula do contrato que desrespeita o comando legal de que os planos de saúde atendam às necessidades correspondentes à materialização do planejamento familiar, expressão certa da dignidade da pessoa humana - Exegese do artigo 35-C, inciso III da Lei 9.656/98 (incluído pela Lei 11.935/09) e dos artigos 1º e 2º da Lei 9.263/96. Recurso desprovido (TJSP – 9ª Câm. – Ap. 0009908-34.2012.8.26.0302 – Rel. Piva Rodrigues – j. 16.4.2013)

Apelação. Plano de saúde. Fertilização 'in vitro'. Autora diagnostica com infertilidade. Medida que visa assegurar o direito constitucional de proteção à maternidade, nos termos do artigo 6º da Constituição Federal. Tratamento, ademais, que se enquadra no conceito de planejamento familiar, nos termos do art. 35-C, inciso III, da Lei 9.656/98. Patologia não excluída da cobertura contratual. Aplicação da Súmula 102 deste Egrégio Tribunal de Justiça do Estado de São Paulo. Abusividade configurada. Precedentes. Recurso desprovido. (TJSP - Relator(a): J.B. Paula Lima; Comarca: São Paulo; Órgão julgador: 10ª Câmara de Direito Privado; Data do julgamento: 06/12/2016; Data de registro: 07/12/2016)

O Superior Tribunal de Justiça, entretanto, acabou sedimentando o seu entendimento em sentido oposto:

CONSUMIDOR. RECURSO ESPECIAL. AÇÃO DE OBRIGAÇÃO DE FAZER. EMBARGOS DE DECLARAÇÃO. OMISSÃO, CONTRADIÇÃO OU OBSCURIDADE. NÃO OCORRÊNCIA. PLANO DE SAÚDE. ENDOMETRIOSE. PLANEJAMENTO FAMILIAR. INSEMINAÇÃO ARTIFICIAL. EXCLUSÃO DE COBERTURA. ABUSIVIDADE. NÃO CONFIGURADA. AGÊNCIA NACIONAL DE SAÚDE SUPLEMENTAR. RESOLUÇÃO NORMATIVA 338/2013. FUNDAMENTO NA LEI 9.656/98.

1. Ação ajuizada em 21/07/2014. Recurso especial interposto em 09/11/2015 e concluso ao gabinete em 02/09/2016. Julgamento: CPC/73.

2. O propósito recursal é definir se a inseminação artificial por meio da técnica de fertilização in vitro deve ser custeada por plano de saúde.

3. Ausentes os vícios do art. 535 do CPC, rejeitam-se os embargos de declaração.

4. A Lei 9.656/98 (LPS) dispõe sobre os planos e seguros privados de assistência à saúde e estabelece as exigências mínimas de oferta aos consumidores (art. 12), as exceções (art. 10) e as hipóteses obrigatórias de cobertura do atendimento (art. 35-C).

5. A Agência Nacional de Saúde Suplementar (ANS), com a autorização prevista no art. 10, §4º, da LPS, é o órgão responsável por definir a amplitude das coberturas do plano-referência de assistência à saúde. 6. A Resolução Nor-

mativa 338/2013 da ANS, aplicável à hipótese concreta, define planejamento familiar como o "conjunto de ações de regulação da fecundidade que garanta direitos de constituição, limitação ou aumento da prole pela mulher, pelo homem ou pelo casal" (art. 7º, I, RN 338/2013 ANS).

7. Aos consumidores estão assegurados, quanto à atenção em planejamento familiar, o acesso aos métodos e técnicas para a concepção e a contracepção, o acompanhamento de profissional habilitado (v.g. ginecologistas, obstetras, urologistas), a realização de exames clínicos e laboratoriais, os atendimentos de urgência e de emergência, inclusive a utilização de recursos comportamentais, medicamentosos ou cirúrgicos, reversíveis e irreversíveis em matéria reprodutiva.

8. A limitação da lei quanto à inseminação artificial (art. 10, III, LPS) apenas representa uma exceção à regra geral de atendimento obrigatório em casos que envolvem o planejamento familiar (art.35-C, III, LPS). Não há, portanto, abusividade na cláusula contratual de exclusão de cobertura de inseminação artificial, o que tem respaldo na LPS e na RN 338/2013.

9. Recurso especial conhecido e provido.

(REsp 1590221/DF, Rel. Ministra NANCY ANDRIGHI, TERCEIRA TURMA, julgado em 07/11/2017, DJe 13/11/2017).

35 – SISTEMA NACIONAL UNIMED E ASSEMELHADOS

Embora as diversas cooperativas regionais UNIMED – e assemelhadas - possuam personalidades jurídicas próprias, a jurisprudência tem reconhecido, perante o público consumidor, a *responsabilidade solidária* – ou ao menos subsidiária - de tais entes, uma vez que integram um sistema *nacional*, verdadeira entidade única subdividida em diversas outras, tanto que se utilizam do mesmo nome comercial e logotipo. Além disso, tais cooperativas celebram – e transmitem esta informação ao público consumidor – convênio para que os seus beneficiários recebam "assistência integral" em "todo o território nacional". Logo, todas as integrantes do sistema, perante o consumidor, estão obrigadas – em princípio – ao cumprimento contratual e legitimadas a figurar no polo passivo de demandas judiciais, ao menos quando se tratar de atendimento de urgência.

Este tem sido o posicionamento da jurisprudência. Para ilustrar:

> O convênio que as UNIMEDs regionais e estaduais celebram para que seus pacientes recebam assistência integral, onde se encontrarem constitui um plano 'interna corporis', para o qual a paciente não interfere. Sendo beneficiária, o problema do custo se resolve por relação interna entre as UNIMEDs, fato que descarta a questão da ilegitimidade passiva: A UNIMED DE CAMPINAS deverá prestar a assistência, porque assim se comprometeu em termos estatutários com as

coligadas e, no futuro, deverá exigir da outra o reembolso. A paciente é que não poderá ficar à mercê dos interesses internos das cooperativas (TJSP – Ap. n° 990.10.435848-5, 4ª Câm. - Rel. Ênio Zuliani, j. 9.12.2010)

"AGRAVO DE INSTRUMENTO - AÇÃO DE CUMPRIMENTO DE CLÁUSULA CONTRATUAL – Decisão que reconheceu a ilegitimidade passiva da Unimed Paulistana - Contrato celebrado entre o recorrente e a Unimed Paraná - Decisão que também indeferiu a antecipação da tutela pretendida, ou seja, determinação à Unimed Paulistana para que autorize a realização de cirurgia com o implante de prótese - Inconformismo do autor - Acolhimento parcial - Intercâmbio existente entre as UNIMEDs, reconhecido em precedentes deste Tribunal - Contrato celebrado que prevê abrangência nacional - Decisão reformada a fim de que, por ora, a Unimed Paulistana seja mantida no polo passivo da ação - Antecipação de tutela - Doença de Peyronie – Relatório médico indicando a necessidade e urgência da cirurgia – Autor que, todavia, não demonstrou haver solicitado, formalmente, a realização da cirurgia à Unimed Paraná, com quem celebrou o contrato, ou à Unimed Paulistana - Recorrente que, embora residente no Estado do Paraná, escolheu clínica especializada situada na cidade de São Paulo - Ausência de indícios de inviabilidade de realização do procedimento em seu Estado de origem, através de médicos e hospitais conveniados à Unimed Paraná - Peculiaridades do caso concreto que recomendam aguardar-se a contestação, para reapreciação do pedido - Recurso parcialmente provido." (TJSP - Agravo de Instrumento nº 0016250-94.2012.8.26.0000, 9ª Câm. - Relator VIVIANI NICOLAU, j. 27/03/2012)

ILEGITIMIDADE AD CAUSAM - Legitimidade passiva da Unimed Paulistana - Contrato - Prestação de serviços - Plano de saúde - Alegação de que o contrato foi celebrado com outra unidade da Unimed, que detém personalidade própria - Responsabilidade solidária reconhecida ante o intercâmbio existente entre as diversas unidades da Unimed, conforme cláusula contratual expressa que prevê o atendimento do estipulante pelas cooperativas médicas integrantes do Sistema Nacional Unimed - Sentença de procedência mantida - Recurso desprovido (TJSP – Ap. n. 0158149-71.2012.8.26.0100 – 7ª Câm. Rel. Mendes Pereira, j. 19.6.2013)

A questão está bem sintetizada pela súmula n. 99 do TJSP:

Súmula 99: Não havendo, na área do contrato de plano de saúde, atendimento especializado que o caso requer, e existindo urgência, há responsabilidade solidária no atendimento ao conveniado entre as cooperativas de trabalho médico da mesma operadora, ainda que situadas em bases geográficas distintas.

36 - TRATAMENTO EXPERIMENTAL

A recusa à autorização do ato cirúrgico ou médico, somente sob a simplista alegação de que se trata de "procedimento experimental" ou ainda não homologado pela Agência Nacional de Saúde, caracteriza comportamento abusivo, especialmente em hipótese na qual a medicina já revelou os resultados positivos do procedimento e em que houver expressa recomendação médica para o tratamento. Como é cediço, não cabe ao plano de saúde a *escolha* do procedimento a ser adotado pelo médico.

Além disso, tratando-se o procedimento de mero refinamento daquele denominado "convencional", coberto pelo contrato, com vantagens ao consumidor, a recusa à cobertura embasada em cláusula genérica também se mostra abusiva.

Esta tem sido a orientação da jurisprudência para hipóteses de cirurgias não invasivas da coluna, cirurgia bariátrica, câmara hiperbárica, videolaparoscopia e radioterapia modular. A título de ilustração:

> SEGURO SAÚDE - Recusa na cobertura de tratamento tido por experimental e não previsto na lista da ANS, bem como do procedimento necessário ter lugar em hospital não credenciado pelo plano - Laudo médico que atesta a impossibilidade de outras técnicas terapêuticas e a inexistência de leitos apropriados nos hospitais conveniados - Indícios de tratamento

consagrado - Presença dos requisitos previstos no artigo 273 do Código de Processo Civil - Tutela confirmada autorizando internação e tratamento - Recurso improvido (TJSP - Agravo de Instrumento n. 407.528-4/1-00 - São Paulo - 7ª Câmara de Direito Privado - Relator: Constança Gonzaga - 09.11.05 - V.U. - Voto n. 6.365)

PLANO DE SAÚDE - Contrato celebrado antes da vigência da Lei n° 9.656/98 - Irrelevância - Possibilidade de análise do tema independentemente de aplicação desse diploma legal - Necessidade do autor submeter-se a procedimento cirúrgico por videolaparoscopia - Recusa de cobertura, com respaldo em cláusulas genéricas - Descabimento - Abusividade verificada - Boa-fé objetiva, função social do contrato e equilíbrio contratual que devem inspirar todos contratantes - Sentença mantida - Recurso desprovido (TJSP – Ap. 005957-87.2009 – 1ª Câm. Direito Privado – Rel. Luiz Antonio de Godoy – j. 10.05.2011).

CONTRATO – Prestação de serviços – Plano de saúde – Recusa de cobertura ao argumento de que se cuida de tratamento experimental – Abusividade reconhecida – Cobertura devida - Incidência do Código de Defesa do Consumidor – Doutrina e jurisprudência nesse sentido – Recurso não provido. (Apelação cível n. 464.495-4/7-00 – São Paulo - 3ª Câmara de Direito Privado – Relator: Beretta da Silveira –

31.10.06 - V.U. - Voto n. 11845)

EMENTA - PLANO DE SAÚDE – AÇÃO COMINATÓRIA - Recusa da seguradora em arcar com os custos advindos de radioterapia com intensidade modulada (IMRT) - Inadmissibilidade - Recusa injusta, que contraria a finalidade do contrato e representa abusividade à luz do CDC - Contrato que prevê cobertura para a radioterapia convencional – Cobertura que deve abranger tratamentos inovadores - Necessidade do paciente incontroversa (portador de câncer na próstata) - Interpretação contratual que deve se ajustar aos avanços da medicina – Tratamento prescrito por médico do Hospital Sírio Libanês (instituição renomada para tratamentos oncológicos) - Contrato adaptado à Lei 9.656/98 - Tratamento aqui discutido que, ademais, não se insere no rol de restrições contido no artigo 10 da referida Lei - Cobertura devida - Sentença mantida - Recurso improvido. (TJSP – AC n. 598.082/5-00 – 8ª Câm. – Rel. Salles Rossi – j. 22.10.2008, v.u.).

PLANO DE SAÚDE - Ação ordinária de preceito cominatório - negativa de cobertura a procedimento de radioterapia com intensidade

modulada de feixe - Não cabe ao paciente a escolha do tipo de radioterapia - Necessidade do procedimento atestada pelo médico responsável - Incidência do CDC à espécie, mesmo qualificando-se a ré como empresa de autogestão - Radioterapia com intensidade modulada de feixe não se insere dentre as restrições de cobertura do

art 10 da Lei 9 656/98 - Afastamento da limitação do valor de cobertura à tabela da ré, por vedação pelo CDC - Mantida a procedência do pedido - Recurso improvido (TJSP – AC n. 563 184 4/0-00 - 1ª Câm. – Rel. Paulo Eduardo Razuk – j. 03.6.2008, v.u.)

PLANO DE SAÚDE - Recusa de cobertura de tratamento por oxigenoterapia hiperbárica - Ausência de cobertura pelo contrato firmado com o plano de saúde - Sentença de procedência - Inconformismo Expressa indicação médica para o tratamento - Irrelevância de não constar o procedimento do rol da ANS - Listagem que é referência básica, não taxativa - Negativa de cobertura que fere a boa-fé contratual, ameaça seu objeto e equilíbrio e onera excessivamente o consumidor - Abusividade reconhecida - Recurso desprovido. (TJSP – 5ª Câm. - 00157184020108260114 – Rel. Moreira Viegas – j. 29.8.2012).

PLANO DE SAÚDE - Videolaparoscopia - Aplicação do CDC - Ausência do procedimento no rol da ANS - Irrelevância - Precedentes da Corte - Sentença mantida - Apelo desprovido.

Cristalina a abusividade de cláusula restritiva na

espécie, inclusive quanto a suposta ausência ou limitação de cobertura contratual para alguns dos tratamentos necessários no caso concreto, embasada na interpretação favorável ao consumidor hipossuficiente, decorrente também do caráter de contrato de adesão do plano de saúde ora em debate, submetido aos ditames do Código de Defesa do Consumidor (TJSP – 6ª Câm. – Ap. 01280225320128260100 – Rel. Percival Nogueira – j. 30.8.2012)

Sintetizando o entendimento do TJSP, a súmula n. 102:

Súmula 102: Havendo expressa indicação médica, é abusiva a negativa de cobertura de custeio de tratamento sob o argumento da sua natureza experimental ou por não estar previsto no rol de procedimentos da ANS.

37 – TRANSPLANTE DE ÓRGÃOS

A jurisprudência pacificou-se no sentido de que, em vista da finalidade de amparo à integridade física, psíquica e à vida do beneficiário, não cabe a exclusão da cobertura de transplantes dos planos de saúde, e que eventual cláusula com esta orientação ostenta caráter abusivo e padece, pois, de nulidade.

O Superior Tribunal de Justiça, aliás, norteia a sua jurisprudência neste sentido:

> AGRAVO REGIMENTAL. PLANO DE SAÚDE. ILEGALIDADE DA NEGATIVA DE COBERTURA A CIRURGIA DE TRANSPLANTE DE MEDULA. DANO MORAL CONFIGURADO. MAJORAÇÃO DO VALOR DA CONDENAÇÃO. DESCABIMENTO.
>
> 1.- É pacífica a jurisprudência da Segunda Seção no sentido de reconhecer a existência do dano moral nas hipóteses de recusa pela operadora de plano de saúde, em autorizar tratamento a

que estivesse legal ou contratualmente obrigada, sem que, para tanto, seja necessário o reexame de provas.

2.- A fixação dos danos morais no patamar de R$ 10.000,00 (dez mil reais) cumpre, no presente caso, a função pedagógico- punitiva de desestimular o ofensor a repetir a falta, sem constituir, de outro lado, enriquecimento indevido.

3.- Agravo Regimental improvido. (AgRg no AREsp 305.316/SP, Rel. Ministro SIDNEI BENETI, TERCEIRA TURMA, julgado em 14/05/2013, DJe 10/06/2013)

AGRAVO REGIMENTAL. PLANO DE SAÚDE. ILEGALIDADE DA NEGATIVA DE COBERTURA A CIRURGIA DE TRANSPLANTE DE MEDULA. DANO MORAL CONFIGURADO.

1.- É pacífica a jurisprudência da Segunda Seção no sentido de reconhecer a existência do dano moral nas hipóteses de recusa pela operadora de plano de saúde, em autorizar tratamento a que estivesse legal ou contratualmente obrigada, por configurar comportamento abusivo, sem que, para tanto, seja necessário o reexame de provas.

2.- Agravo Regimental improvido. (AgRg no AREsp 305.316/SP, Rel. Ministro SIDNEI BENETI, TERCEIRA TURMA, julgado em 14/05/2013, DJe 10/06/2013)

Os mesmos fundamentos impõem o custeio das despesas médicas e hospitalares geradas pelo doador do órgão – ou tecido.

Com esta orientação:

> PLANO DE SAÚDE. Cláusula de exclusão de cobertura de transplante. Invalidade. Proteção ampla ao adquirente de plano de saúde. Garantia do efetivo amparo de sua integridade física e psíquica. Entendimento moderno da jurisprudência neste sentido. Recurso da ré não provido. Utilização da Tabela de Serviços Hospitalares e Honorários Médicos inserta em instrumento de contrato como base de cálculo. Impossibilidade. Tabela que não prevê o procedimento. Cirurgia realizada no curso da lide, de forma particular, ante a não concessão da antecipação de tutela a tempo. Artigo 517 do Código de Processo Civil. Existência de comprovantes de despesas. Cobertura integral. Recurso do autor provido. Conclusão: NEGA-SE PROVIMENTO ao recurso da ré e DÁ-SE PROVIMENTO ao recurso do autor (TJSP – Ap. n. 0158562-60.2007.8.26.0100 – 9ª Câm. Direito Privado – Rel. Silvia Sterman – j. 05.02.2013).

> PLANO DE SAÚDE. Obrigação de fazer. Cirurgia de transplante de rim. Negativa de cobertura das despesas hospitalares do doador. Limitação no contrato de plano de saúde. Incidência

dos dispositivos do Código de Defesa do Consumidor. Limitações constantes no contrato que constituem prática ilegal, fundada no abuso do poder econômico, em detrimento da defesa e do respeito ao consumidor. Nulidade da cláusula restritiva. Remoção e conservação do órgão a ser transportados que se mostram como medida imprescindível para a realização da cirurgia de que necessita a autora. Persecução do objeto do contrato. Precedentes deste Egrégio Tribunal. Recurso desprovido (TJSP - Apelação nº 0192551-18.2011.8.26.0100 – 4ª Câm. Dir. Privado – Rel. Milton Carvalho – j. 18.4.2013).

PLANO DE SAÚDE. TRANSPLANTE DE MEDULA ÓSSEA. NEGATIVA DE COBERTURA. IMPOSSIBILIDADE. LEI Nº 9.656/98. CÓDIGO DE DEFESA DO CONSUMIDOR. PLANO DE SAÚDE. TRANSPLANTE DE MEDULA ÓSSEA. NEGATIVA DE COBERTURA. DANO MORAL. CARACTERIZAÇÃO. INDENIZAÇÃO FIXADA COM MODERAÇÃO.

1. Plano de saúde. Negativa de cobertura de transplantes de medula óssea. Impossibilidade. Incidência da Lei nº 9.656/98. Lei que estabelece plano-referência, com exclusões expressas. Ausência de exclusão de transplantes. Incidência, ademais, do CDC.

2. Hospital no qual a autora solicitou a realização do procedimento. Rede credenciada. Documento comprobatório nos autos.

3. Plano de saúde. Negativa indevida de cobertura. Dano moral

caracterizado. Precedentes do Eg. STJ e do Tribunal. Indenização

arbitrada com moderação (R$ 10.000,00). Recurso da ré não provido. Apelo da autora provido (TJSP – Ap. n. 0000760-68.2010.8.26.0140 – 10ª Câm. Direito Privado – Rel. Carlos Alberto Garbi – j. 26.3.2013)

Direito civil. Contrato de seguro em grupo de assistência médico-hospitalar, individual e familiar. Transplante de órgãos. Rejeição do primeiro órgão. Novo transplante. Cláusula excludente. Invalidade.

- O objetivo do contrato de seguro de assistência médico-hospitalar é o de garantir a saúde do segurado contra evento futuro e incerto, desde que esteja prevista contratualmente a cobertura referente à determinada patologia; a seguradora se obriga a indenizar o segurado pelos custos com o tratamento adequado desde que sobrevenha a doença, sendo esta a finalidade fundamental do seguro-saúde.

- Somente ao médico que acompanha o caso é dado estabelecer qual o tratamento adequado para alcançar a cura ou amenizar os efeitos da enfermidade que acometeu o paciente; a seguradora não está habilitada, tampouco autorizada a limitar as alternativas possíveis para o restabelecimento da saúde do segurado, sob pena de colocar em risco a vida do consumidor.

- Além de ferir o fim primordial do contrato de seguro-saúde, a cláusula restritiva de cobertura de transplante de órgãos acarreta desvantagem exagerada ao segurado, que celebra o pacto justamente ante a imprevisibilidade da doença que poderá acometê-lo e, por recear não ter acesso ao procedimento médico necessário para curar-se, assegura-se contra tais riscos.

- Cercear o limite da evolução de uma doença é o mesmo que afrontar a natureza e ferir, de morte, a pessoa que imaginou estar segura com seu contrato de "seguro-saúde"; se a ninguém é dado prever se um dia será acometido de grave enfermidade, muito menos é permitido saber se a doença, já instalada e galopante, deixará de avançar para a o momento em que se tornar necessário procedimento médico ou cirúrgico que não é coberto pelo seguro médico-hospitalar contratado.

- A negativa de cobertura de transplante – apontado pelos médicos como essencial para salvar a vida do paciente –, sob alegação de estar previamente excluído do contrato, deixa o segurado à mercê da onerosidade excessiva perpetrada pela seguradora, por meio de abusividade em cláusula contratual.

- A saúde é um direito social constitucionalmente assegurado a todos, cuja premissa daqueles que prestam tal assistência, deve ser a redução de riscos de doenças, para a sua promoção, proteção e recuperação, seja no plano privado, seja na esfera da administração pública.

- O interesse patrimonial da seguradora de obtenção de lucro, deve ser resguardado, por se tratar de um direito que lhe assiste, desde que devidamente prestado o serviço ao qual se obrigou, isto é, desde que receba o segurado o tratamento adequado com o procedimento médico ou cirúrgico necessário, que possibilite a garantia da saúde por inteiro, prestado de forma eficiente, integral e com qualidade, conforme assumido contratualmente e estabelecido constitucionalmente.

- Assegura-se o lucro, desde que assumidos os riscos inerentes à tutela da saúde, tais como expostos na Constituição Federal, que não podem ficar somente a cargo do consumidor-segurado; fatiar a doença, ademais, não é o modo mais correto para obtenção de lucro.

- Com vistas à necessidade de se conferir maior efetividade ao direito integral à cobertura de proteção à saúde – por meio do acesso ao tratamento médico-hospitalar necessário –, deve ser invalidada a cláusula de exclusão de transplante do contrato de seguro-saúde, notadamente ante a peculiaridade de ter sido, o segurado, submetido a tratamento complexo, que incluía a probabilidade – e não a certeza – da necessidade do transplante, procedimento que, ademais, foi utilizado para salvar-lhe a vida, bem mais elevado no plano não só jurídico, como também metajurídico.

Recurso especial conhecido, mas, não provido. (STJ - REsp 1053810/SP, Rel. Ministra NANCY

ANDRIGHI, TERCEIRA TURMA, julgado em 17/12/2009, DJe 15/03/2010)

AGRAVO REGIMENTAL NO AGRAVO EM RECURSO ESPECIAL. PLANO DE SAÚDE.

TRANSPLANTE. COBERTURA. TRATAMENTO ESSENCIAL. RECUSA. AUSÊNCIA DE PREQUESTIONAMENTO. INCIDÊNCIA DA SÚMULA 211/STJ. APLICAÇÃO DO CÓDIGO DO CONSUMIDOR. INTERPRETAÇÃO DE CLÁUSULAS MAIS FAVORÁVEL AO CONSUMIDOR. AGRAVO IMPROVIDO.

1. Da leitura do acórdão recorrido, verifica-se que as questões amparadas nos arts. 1º, 18, caput e § 3º e 19 da LC 109/2001 não foram apreciadas pelo Tribunal a quo, não obstante a oposição de embargos de declaração. Desse modo, deveria a recorrente alegar violação ao dispositivo processual pertinente. Na falta do indispensável prequestionamento, aplica-se o princípio estabelecido na Súmula 211/STJ, verbis: "Inadmissível recurso especial quanto à questão que, a despeito da oposição de embargos declaratórios, não foi apreciada pelo Tribunal a quo".

2. O Tribunal a quo negou provimento ao apelo interposto pela ora agravante, sob o fundamento de que, nas relações de consumo, as cláusulas limitativas de direito serão sempre interpretadas a favor do consumidor, em consonância com o art. 47 do Código Consumerista, desse modo, ao assim decidir, adotou

posicionamento consentâneo com a jurisprudência desta egrégia Corte, que se orienta no sentido de considerar que, em se tratando de contrato de adesão submetido às regras do CDC, a interpretação de suas cláusulas deve ser feita da maneira mais favorável ao consumidor, bem como devem ser consideradas abusivas as cláusulas que visam a restringir procedimentos médicos.

3. Afigura-se despicienda a discussão a respeito da aplicação da Lei 9.656/98 à hipótese, tendo em vista que o fundamento utilizado pelo acórdão recorrido, referente à análise das cláusulas contratuais em conformidade com o diploma consumerista, é suficiente, por si só, para mantê-lo. Notadamente diante da jurisprudência deste Tribunal, que já se consolidou no sentido de que é "abusiva a cláusula restritiva de direito que exclui do plano de saúde o custeio de prótese em procedimento cirúrgico coberto pelo plano e necessária ao pleno restabelecimento da saúde do segurado, sendo indiferente, para tanto, se referido material é ou não importado" (AgRg no Ag 1.139.871/SC, Relator o Ministro JOÃO OTÁVIO DE NORONHA, DJe de 10.5.2010)

4. Agravo interno a que se nega provimento. (STJ - AgRg no AREsp 273.368/SC, Rel. Ministro RAUL ARAÚJO, QUARTA TURMA, julgado em 21/02/2013, DJe 22/03/2013).

38 – UNIMED RIO – INCORPORAÇÃO DA GOLDEN CROSS

Inúmeros são os processos decorrentes da incorporação da *Golden Cross* pela Unimed-Rio, relativos à manutenção da rede credenciada da segunda.

Como é cediço, a carteira de beneficiários da Golden Cross foi adquirida pela ré Unimed-Rio, que assumiu todas as obrigações contraídas pela operadora alienante. Após tal aquisição, contudo, houve o descredenciamento de vários hospitais e prestadores de serviços, dentre eles os hospitais Albert Einstein e Sírio Libanês, havendo significativa mudança na rede credenciada.

A operação realizada entre a Unimed-Rio e a antiga operadora do plano de saúde dos consumidores, contudo, estava condicionada à manutenção de toda a rede hospitalar referenciada, de forma que eventual alteração deve obedecer ao disposto do art. 17 da Lei nº 9.656/98 – o que, em regra, não é observado.

De fato, a Unimed-Rio assumiu a carteira da Golden Cross, não se justificando o desmantelamento da rede credenciada sem que outros hospitais e prestadoras de serviços da *mesma qualidade* sejam incluídos no rol de prestadores referenciados ou credenciados. Muito embora o descredenciamento represente diminuição qualitativa do contrato, não há, proporcionalmente, redução do valor da mensalidade. Ressalte-se que não é proibida a substituição da rede médico-hospitalar credenciada, desde que a substituição se dê por outra rede equivalente, e mediante comunicação aos consumidores (além da ANS), com antecedência mínima de trinta (30) dias (artigo 17, § 1º, da Lei nº 9.656/98).

Assim, ao aceitar a massa de usuários da Golden Cross, a Unimed-Rio gerou a legítima expectativa nos consumidores na manutenção da rede credenciada, sendo abusivo o descredenciamento dos vários prestadores de serviços.

Admitir a diminuição e redução da qualidade da rede credenciada equivaleria a atenuar o compromisso e responsabilidade assumidos pela operadora adquirente, implicando situação de exagerada desvantagem aos consumidores, incompatível com a boa-fé e o equilíbrio do ajuste, pois significaria restrição a direitos fundamentais inerentes à natureza e à finalidade do contrato (direito à vida e à saúde), o que é vedado por lei (artigo 51, I, IV e § 1º, I e II, do CDC). Neste sentido a jurisprudência do E. TJSP. A título de ilustração:

PLANO DE SAÚDE - Negativa de cobertura para tratamento no Hospital Albert Einstein - Alegada recusa do prestador em dar continuidade aos atendimentos dos beneficiários da antiga carteira da Golden Cross, que foi alienada para a Unimed - Ausência, contudo, de comunicação prévia ao consumidor acerca de tal fato - Configurada infração ao artigo 17, §1º da Lei nº 9.656/98 - Indispensável era a adoção dessa providência, em virtude da promessa de manutenção da mesma rede credenciada - Obrigação da ré de custear o tratamento junto ao nosocômio escolhido pela autora reconhecida - Procedência mantida - RECURSO NÃO PROVIDO. (Relator(a): Elcio Trujillo; Comarca: São Paulo; Órgão julgador: 10ª Câmara de Direito Privado; Data do julgamento: 16/12/2014; Data de registro: 19/12/2014)

> PLANO DE SAÚDE. AÇÃO COMINATÓRIA. Cessão da carteira de beneficiários da Golden Cross à Unimed Rio. Restrição da rede credenciada na mesma abrangência antes disponibilizada à beneficiária. Dever de continuidade dos serviços imposto pelo acordo firmado com a ANS e o CADE. Descredenciamento de prestadores

de serviço que é permitida desde que comunicados os beneficiários do seguro e garantida a qualidade do serviço. Inteligência do artigo 17, §1º, da Lei nº 9.656/98, cujos requisitos não foram demonstrados no caso. Comunicação da ré sobre a continuidade dos serviços da antiga operadora, ademais, que engendra legítima expectativa da manutenção das mesmas condições de cobertura, extensíveis inclusive à rede laboratorial. Prevalência do dever de cobertura pretendido, inclusive os laboratórios Fleury. Respeito aos artigos 54, inciso IV e artigo 6º, inciso III, do Código de Defesa do Consumidor. Precedentes deste E. Tribunal. SENTENÇA REFORMADA EM PARTE. APELO PROVIDO. (Relator(a): Donegá Morandini; Comarca: São Paulo; Órgão julgador: 3ª Câmara de Direito Privado; Data do julgamento: 03/07/2015; Data de registro: 04/07/2015)

PLANO DE SAÚDE. Cessão de carteira de clientes pela Golden Cross à Unimed Rio. Paciente que necessitava realizar procedimento médico. Silêncio de ambas as operadoras. Urgência indicada por profissional da saúde. Súmula 102 do TJSP. Princípio da conservação dos contratos. Apelante que não pode ser prejudicada pela mudança das operadoras. Direitos e condições que devem ser resguardados. Danos morais configurados. Recurso provido. Sentença reformada. (Relator(a): Mary Grün; Comarca: Santo André; Órgão julgador: 7ª Câmara de Direito Privado; Data do julgamento: 18/09/2015; Data de registro: 18/09/2015)

> TUTELA ANTECIPADA - Plano de Saúde - Alienação de carteira de clientes - Não disponibilização da rede credenciada, na mesma abrangência antes disponibilizada aos beneficiários - Comunicação das operadoras e nota da ANS que levam o consumidor a entender que serão mantidas as mesmas condições de atendimento, profissionais e estabelecimentos médicos anteriores - Periculum in mora, no entanto, não demonstrado - Garantido o atendimento da paciente em nosocômio por ela indicado - Falta de requisito exigido pelo art. 273 do Código de Processo Civil - Decisão mantida - AGRAVO NÃO PROVIDO. (Relator(a): Elcio Trujillo; Comarca: São Paulo; Órgão julgador: 10ª Câmara de Direito Privado; Data do julgamento: 16/12/2014; Data de registro: 19/12/2014)

Portanto, deve a Unimed-Rio, conforme jurisprudência já pacificada, garantir atendimento na rede credenciada ofertada pela Golden Cross, nos termos do contrato que esta mantinha com os consumidores.

39 - SÚMULAS DO STJ SOBRE PLANOS DE SAÚDE

Súmula 302: É abusiva a cláusula contratual de plano de saúde que limita no tempo a internação hospitalar do segurado.

> Súmula 469: Aplica-se o Código de Defesa do Consumidor aos contratos de planos de saúde – *cancelada*

> Súmula n. 597 - A cláusula contratual de plano de saúde que prevê carência para utilização dos serviços de assistência médica nas situações de emergência ou de urgência é considerada abusiva se ultrapassado o prazo máximo de 24 horas contado da data da contratação.

Súmula n. 608 – Aplica-se o Código de Defesa do Consumidor aos contratos de plano de saúde, salvo so administrados por entidades de autogestão.

40 - SÚMULAS DO TJSP SOBRE PLANOS DE SAÚDE

Súmula 90: Havendo expressa indicação médica para a utilização dos serviços de *home care*, revela-se abusiva a cláusula de exclusão inserida na avença, que não pode prevalecer.

Súmula 91: Ainda que a avença tenha sido firmada antes de sua vigência, é descabido, nos termos do art. 15, § 3º, do Estatuto do Idoso, o reajuste da mensalidade de plano de saúde por mudança de faixa etária.

Súmula 92: É abusiva a cláusula contratual de plano de saúde que limita o tempo de internação do segurado ou usuário

Súmula 93: A implantação de *stent* é ato inerente à cirurgia cardíaca/vascular, sendo abusiva a negativa de sua cobertura, ainda que o contrato seja anterior à Lei n. 9.655/98.

Súmula 94: A falta de pagamento da mensalidade não opera, *per si*, a pronta rescisão unilateral do contrato de plano ou seguro saúde, exigindo-se a prévia notificação do devedor com prazo mínimo de dez dias, para purga da mora.

Súmula 95: Havendo expressa indicação médica, não prevalece a negativa de cobertura de custeio ou fornecimento de medicamentos associados a tratamento quimioterápico.

Súmula 96: Havendo expressa indicação médica de exames associados a enfermidade coberta pelo contrato, não prevalece a negativa de cobertura do procedimento.

Súmula 97: Não pode ser considerada simplesmente estética a cirurgia plástica complementar de tratamento de obesidade mórbida, havendo indicação médica.

Súmula 99: Não havendo, na área do contrato de plano de saúde, atendimento especializado que o caso requer, e existindo urgência, há responsabilidade solidária no atendimento ao conveniado entre as cooperativas de trabalho médico da mesma operadora, ainda que situadas em bases geográficas distintas.

Súmula 100: O contrato de plano/seguro saúde submete-se aos ditames do Código de Defesa do Consumidor e da Lei n. 9.656/98 ainda que a avença tenha sido celebrada antes da vigência desses diplomas legais.

Súmula 101: O beneficiário do plano de saúde tem legitimidade para acionar diretamente a operadora mesmo que a contratação tenha sido firmada por seu empregador ou associação de classe.

Súmula 102: Havendo expressa indicação médica, é abusiva a negativa de cobertura de custeio de tratamento sob o argumento da sua natureza experimental ou por não estar previsto no rol de procedimentos da ANS.

Súmula 103: É abusiva a negativa de cobertura em atendimento de urgência e/ou emergência a pretexto de que está em curso período de carência que não seja o prazo de 24 horas estabelecido na Lei n. 9.656/98.

Súmula 104: A continuidade do exercício laboral após a aposentadoria do beneficiário do seguro saúde coletivo não afasta a aplicação do art. 31 da Lei n. 9.656/98.

Súmula 105: Não prevalece a negativa de cobertura às doenças e às lesões preexistentes se, à época da contratação de plano de saúde, não se exigiu prévio exame médico admissional.

41 – SÚMULAS DO TJRJ SOBRE PLANOS DE SAÚDE

Súmula n. 112 - é nula, por abusiva, a cláusula que exclui de cobertura a prótese que integre, necessariamente, cirurgia ou procedimento coberto por plano ou seguro de saúde, tais como stent e marcapasso.

Sumula n. 209 - enseja dano moral a indevida recusa de internação ou serviços hospitalares, inclusive home care, por parte do seguro saúde somente obtidos mediante decisão judicial.

Súmula n. 210 - para o deferimento da antecipação da tutela contrasseguro saúde, com vistas a autorizar internação, procedimento cirúrgico ou tratamento, permitidos pelo contrato, basta indicação médica, por escrito, de sua necessidade.

Súmula n. 211 - havendo divergência entre o seguro saúde contratado e o profissional responsável pelo procedimento cirúrgico, quanto à técnica e ao material a serem empregados, a escolha cabe ao médico incumbido de sua realização.

Súmula n. 214 - a vedação do reajuste de seguro saúde, em razão de alteração de faixa etária, aplica-se aos contratos anteriores ao estatuto do idoso.

Súmula n. 286 - formação de conglomerado econômico, através de cooperativas prestadoras de serviço de seguro saúde, não exclui a solidariedade entre as pessoas jurídicas cooperativadas pelo atendimento ao consumidor titular do contrato de plano de saúde.

Súmula n. 293 - a operadora de plano de saúde responde solidariamente em razão de dano causado por profissional por ela credenciado.

LEI 9.656 DE 3 DE JULHO DE 1998.

Dispõe sobre os planos e seguros privados de assistência à saúde.

O PRESIDENTE DA REPÚBLICA Faço saber que o Congresso Nacional decreta e eu sanciono a seguinte Lei:

Art. 1º Submetem-se às disposições desta Lei as pessoas jurídicas de direito privado que operam planos de assistência à saúde, sem prejuízo do cumprimento da legislação específica que rege a sua atividade, adotando-se, para fins de aplicação das normas aqui estabelecidas, as seguintes definições: (Redação dada pela Medida Provisória nº 2.177-44, de 2001)

I - Plano Privado de Assistência à Saúde: prestação continuada de serviços ou cobertura de custos assistenciais a preço pré ou pós estabelecido, por prazo indeterminado, com a finalidade de garantir, sem limite financeiro, a assistência à saúde, pela faculdade de acesso e atendimento por profissionais ou serviços de saúde, livremente escolhidos, integrantes ou não de rede credenciada, contratada ou referenciada, visando a assistência médica, hospitalar e odontológica, a ser paga integral ou parcialmente às expensas da operadora contratada, mediante reembolso ou pagamento direto ao prestador, por conta e ordem do consumidor; (Incluído pela Medida Provisória nº 2.177-44, de 2001)

II - Operadora de Plano de Assistência à Saúde: pessoa jurídica constituída sob a modalidade de sociedade civil ou comercial, cooperativa, ou entidade de autogestão, que opere produto, serviço ou contrato de que trata o inciso I deste artigo; (Incluído pela Medida Provisória nº 2.177-44, de 2001)

III - Carteira: o conjunto de contratos de cobertura de custos assistenciais ou de serviços de assistência à saúde em qualquer das modalidades de que tratam o inciso I e o § 1º deste artigo, com todos os direitos e obrigações nele contidos. (Incluído pela Medida Provisória nº 2.177-44, de 2001)

§ 1º Está subordinada às normas e à fiscalização da Agência Nacional de Saúde Suplementar - ANS qualquer modalidade de produto, serviço e contrato que apresente, além da garantia de cobertura financeira de riscos de assistência médica, hospitalar e odontológica, outras características que o diferencie de atividade exclusivamente financeira, tais como: (Redação dada pela Medida Provisória nº 2.177-44, de 2001)

a) custeio de despesas; (Incluído pela Medida Provisória nº 2.177-44, de 2001)

b) oferecimento de rede credenciada ou referenciada; (Incluído pela Medida Provisória nº 2.177-44, de 2001)

c) reembolso de despesas; (Incluído pela Medida Provisória nº 2.177-44, de 2001)

d) mecanismos de regulação; (Incluído pela Medida Provisória nº 2.177-44, de 2001)

e) qualquer restrição contratual, técnica ou operacional para a cobertura de procedimentos solicitados por prestador escolhido pelo consumidor; e (Incluído pela Medida Provisória nº 2.177-44, de 2001)

f) vinculação de cobertura financeira à aplicação de conceitos ou critérios médico-assistenciais. (Incluído pela Medida Provisória nº 2.177-44, de 2001)

§ 2º Incluem-se na abrangência desta Lei as cooperativas que operem os produtos de que tratam o inciso I e o § 1º deste artigo, bem assim as entidades ou empresas que mantêm sistemas de assistência à saúde, pela modalidade de autogestão ou de administração. (Redação dada pela Medida Provisória nº 2.177-44, de 2001)

§ 3º As pessoas físicas ou jurídicas residentes ou domiciliadas no exterior podem constituir ou participar do capital, ou do aumento do capital, de pessoas jurídicas de direito privado constituídas sob as leis brasileiras para operar planos privados de assistência à saúde. (Redação dada pela Medida Provisória nº 2.177-44, de 2001)

§ 4º É vedada às pessoas físicas a operação dos produtos de que tratam o inciso I e o § 1º deste artigo. (Redação dada pela Medida Provisória nº 2.177-44, de 2001)

§ 5º É vedada às pessoas físicas a operação de plano ou seguro privado de assistência à saúde.

Art. 2º (Revogado pela Medida Provisória nº 2.177-44, de 2001)

Art. 3º (Revogado pela Medida Provisória nº 2.177-44, de 2001)

Art. 4º (Revogado pela Medida Provisória nº 2.177-44, de 2001)

Art. 5º (Revogado pela Medida Provisória nº 2.177-44, de 2001)

Art. 6º (Revogado pela Medida Provisória nº 2.177-44, de 2001)

Art. 7º (Revogado pela Medida Provisória nº 2.177-44, de 2001)

Art. 8º Para obter a autorização de funcionamento, as operadoras de planos privados de assistência à saúde devem satisfazer os seguintes requisitos, independentemente de outros que venham a ser determinados pela ANS: (Redação dada pela Medida Provisória nº 2.177-44, de 2001)

I - registro nos Conselhos Regionais de Medicina e Odontologia, conforme o caso, em cumprimento ao disposto no art. 1º da Lei nº 6.839, de 30 de outubro de 1980;

II - descrição pormenorizada dos serviços de saúde próprios oferecidos e daqueles a serem prestados por terceiros;

III - descrição de suas instalações e equipamentos destinados a prestação de serviços;

IV - especificação dos recursos humanos qualificados e habilitados, com responsabilidade técnica de acordo com as leis que regem a matéria;

V - demonstração da capacidade de atendimento em razão dos serviços a serem prestados;

VI - demonstração da viabilidade econômico-financeira dos planos privados de assistência à saúde oferecidos, respeitadas as peculiaridades operacionais de cada uma das respectivas operadoras;

VII - especificação da área geográfica coberta pelo plano privado de assistência à saúde.

§ 1º São dispensadas do cumprimento das condições estabelecidas nos incisos VI e VII deste artigo as entidades ou empresas que mantêm sistemas de assistência privada à saúde na modalidade de autogestão, citadas no § 2º do art. 1º. (Redação dada pela Medida Provisória nº 2.177-44, de 2001)

§ 2º A autorização de funcionamento será cancelada caso a operadora não comercialize os produtos de que tratam o inciso I e o § 1º do art. 1º desta Lei, no prazo máximo de cento e oitenta dias a contar do seu registro na ANS. (Incluído pela Medida Provisória nº 2.177-44, de 2001)

§ 3º As operadoras privadas de assistência à saúde poderão voluntariamente requerer autorização para encerramento de suas atividades, observando os seguintes requisitos, independentemente de outros que venham a ser determinados pela ANS: (Incluído pela Medida Provisória nº 2.177-44, de 2001)

a) comprovação da transferência da carteira sem prejuízo para o consumidor, ou a inexistência de beneficiários sob sua responsabilidade; (Incluído pela Medida Provisória nº 2.177-44, de 2001)

b) garantia da continuidade da prestação de serviços dos beneficiários internados ou em tratamento; (Incluído pela Medida Provisória nº 2.177-44, de 2001)

c) comprovação da quitação de suas obrigações com os prestadores de serviço no âmbito da operação de planos privados de assistência à saúde; (Incluído pela Medida Provisória nº 2.177-44, de 2001)

d) informação prévia à ANS, aos beneficiários e aos prestadores de serviço contratados, credenciados ou referenciados, na forma e nos prazos a serem definidos pela ANS. (Incluído pela Medida Provisória nº 2.177-44, de 2001)

Art. 9º Após decorridos cento e vinte dias de vigência desta Lei, para as operadoras, e duzentos e quarenta dias, para as administradoras de planos de assistência à saúde, e até que sejam definidas pela ANS, as normas gerais de registro, as pessoas jurídicas que operam os produtos de que tratam o inciso I e o § 1º do art. 1º desta Lei, e observado o que dispõe o art. 19, só poderão comercializar estes produtos se: (Redação dada pela Medida Provisória nº 2.177-44, de 2001)

I - as operadoras e administradoras estiverem provisoriamente cadastradas na ANS; e (Incluído pela Medida Provisória nº 2.177-44, de 2001)

II - os produtos a serem comercializados estiverem registrados na ANS. (Incluído pela Medida Provisória nº 2.177-44, de 2001)

§ 1º O descumprimento das formalidades previstas neste artigo, além de configurar infração, constitui agravante na aplicação de penalidades por infração das demais normas previstas nesta Lei. (Redação dada pela Medida Provisória nº 2.177-44, de 2001)

§ 2º A ANS poderá solicitar informações, determinar alterações e promover a suspensão do todo ou de parte das condições dos planos apresentados. (Redação dada pela Medida Provisória nº 2.177-44, de 2001)

§ 3º A autorização de comercialização será cancelada caso a operadora não comercialize os planos ou os produtos de que tratam o inciso

I e o § 1º do art. 1º desta Lei, no prazo máximo de cento e oitenta dias a contar do seu registro na ANS. (Incluído pela Medida Provisória nº 2.177-44, de 2001)

§ 4º A ANS poderá determinar a suspensão temporária da comercialização de plano ou produto caso identifique qualquer irregularidade contratual, econômico-financeira ou assistencial. (Incluído pela Medida Provisória nº 2.177-44, de 2001)

Art. 10. É instituído o plano-referência de assistência à saúde, com cobertura assistencial médico-ambulatorial e hospitalar, compreendendo partos e tratamentos, realizados exclusivamente no Brasil, com padrão de enfermaria, centro de terapia intensiva, ou similar, quando necessária a internação hospitalar, das doenças listadas na Classificação Estatística Internacional de Doenças e Problemas Relacionados com a Saúde, da Organização Mundial de Saúde, respeitadas as exigências mínimas estabelecidas no art. 12 desta Lei, exceto: (Redação dada pela Medida Provisória nº 2.177-44, de 2001)

I - tratamento clínico ou cirúrgico experimental; (Redação dada pela Medida Provisória nº 2.177-44, de 2001)

II - procedimentos clínicos ou cirúrgicos para fins estéticos, bem como órteses e próteses para o mesmo fim;

III - inseminação artificial;

IV - tratamento de rejuvenescimento ou de emagrecimento com finalidade estética;

V - fornecimento de medicamentos importados não nacionalizados;

VI - fornecimento de medicamentos para tratamento domiciliar, ressalvado o disposto nas alíneas 'c' do inciso I e 'g' do inciso II do art. 12; (Redação dada pela Lei nº 12.880, de 2013)   (Vigência)

VII - fornecimento de próteses, órteses e seus acessórios não ligados ao ato cirúrgico; (Redação dada pela Medida Provisória nº 2.177-44, de 2001)

VIII - (Revogado pela Medida Provisória nº 2.177-44, de 2001)

IX - tratamentos ilícitos ou antiéticos, assim definidos sob o aspecto médico, ou não reconhecidos pelas autoridades competentes;

X - casos de cataclismos, guerras e comoções internas, quando declarados pela autoridade competente.

§ 1º As exceções constantes dos incisos deste artigo serão objeto de regulamentação pela ANS. (Redação dada pela Medida Provisória nº 2.177-44, de 2001)

§ 2º As pessoas jurídicas que comercializam produtos de que tratam o inciso I e o § 1º do art. 1º desta Lei oferecerão, obrigatoriamente, a partir de 3 de dezembro de 1999, o plano-referência de que trata este artigo a todos os seus atuais e futuros consumidores. (Redação dada pela Medida Provisória nº 2.177-44, de 2001)

§ 3º Excluem-se da obrigatoriedade a que se refere o § 2º deste artigo as pessoas jurídicas que mantêm sistemas de assistência à saúde pela modalidade de autogestão e as pessoas jurídicas que operem exclusivamente planos odontológicos. (Redação dada pela Medida Provisória nº 2.177-44, de 2001)

§ 4º A amplitude das coberturas, inclusive de transplantes e de procedimentos de alta complexidade, será definida por normas editadas pela ANS. (Incluído pela Medida Provisória nº 2.177-44, de 2001)

Art. 10-A. Cabe às operadoras definidas nos incisos I e II do § 1º do art. 1º desta Lei, por meio de sua rede de unidades conveniadas, prestar serviço de cirurgia plástica reconstrutiva de mama, utilizando-se de todos os meios e técnicas necessárias, para o tratamento de mutilação decorrente de utilização de técnica de tratamento de câncer. (Incluído pela Lei nº 10.223, de 2001) (Vide Lei nº 13.770, de 2018)

Art. 10-B. Cabe às operadoras dos produtos de que tratam o inciso I e o § 1º do art. 1º, por meio de rede própria, credenciada, contratada ou referenciada, ou mediante reembolso, fornecer bolsas de colostomia, ileostomia e urostomia, sonda vesical de demora e coletor de urina com conector, para uso hospitalar, ambulatorial ou domiciliar, vedada a limitação de prazo, valor máximo e quantidade. (Incluído pela Lei nº 12.738, de 2012) (Vigência)

Art. 11. É vedada a exclusão de cobertura às doenças e lesões preexistentes à data de contratação dos produtos de que tratam o inciso I e o § 1º do art. 1º desta Lei após vinte e quatro meses de vigência do aludido instrumento contratual, cabendo à respectiva operadora o ônus da prova e da demonstração do conhecimento prévio do consumidor ou beneficiário. (Redação dada pela Medida Provisória nº 2.177-44, de 2001)

Parágrafo único. É vedada a suspensão da assistência à saúde do consumidor ou beneficiário, titular ou dependente, até a prova de que trata o **caput**, na forma da regulamentação a ser editada pela ANS. (Incluído pela Medida Provisória nº 2.177-44, de 2001)

Art. 12. São facultadas a oferta, a contratação e a vigência dos produtos de que tratam o inciso I e o § 1º do art. 1º desta Lei, nas segmentações previstas nos incisos I a IV deste artigo, respeitadas as respectivas amplitudes de cobertura definidas no plano-referência de que trata o art. 10, segundo as seguintes exigências mínimas: (Redação dada pela Medida Provisória nº 2.177-44, de 2001)

I - quando incluir atendimento ambulatorial:

a) cobertura de consultas médicas, em número ilimitado, em clínicas básicas e especializadas, reconhecidas pelo Conselho Federal de Medicina;

b) cobertura de serviços de apoio diagnóstico, tratamentos e demais procedimentos ambulatoriais, solicitados pelo médico assistente; (Redação dada pela Medida Provisória nº 2.177-44, de 2001)

c) cobertura de tratamentos antineoplásicos domiciliares de uso oral, incluindo medicamentos para o controle de efeitos adversos relacionados ao tratamento e adjuvantes; (Incluído pela Lei nº 12.880, de 2013) (Vigência)

II - quando incluir internação hospitalar:

a) cobertura de internações hospitalares, vedada a limitação de prazo, valor máximo e quantidade, em clínicas básicas e especializadas, reconhecidas pelo Conselho Federal de Medicina, admitindo-se a exclusão dos procedimentos obstétricos; (Redação dada pela Medida Provisória nº 2.177-44, de 2001)

b) cobertura de internações hospitalares em centro de terapia intensiva, ou similar, vedada a limitação de prazo, valor máximo e quantidade, a critério do médico assistente; (Redação dada pela Medida Provisória nº 2.177-44, de 2001)

c) cobertura de despesas referentes a honorários médicos, serviços gerais de enfermagem e alimentação; de cobertura de exames complementares indispensáveis para o controle da evolução da doença e elucidação diagnóstica, fornecimento de medicamentos, anestésicos, gases medicinais, transfusões e sessões de quimioterapia e radioterapia, conforme prescrição do médico assistente, realizados ou ministrados durante o período de internação hospitalar; (Redação dada pela Medida Provisória nº 2.177-44, de 2001)

e) cobertura de toda e qualquer taxa, incluindo materiais utilizados, assim como da remoção do paciente, comprovadamente necessária, para outro estabelecimento hospitalar, dentro dos limites de abrangência geográfica previstos no contrato, em território brasileiro; e (Redação dada pela Medida Provisória nº 2.177-44, de 2001)

f) cobertura de despesas de acompanhante, no caso de pacientes menores de dezoito anos;

g) cobertura para tratamentos antineoplásicos ambulatoriais e domiciliares de uso oral, procedimentos radioterápicos para tratamento de câncer e hemoterapia, na qualidade de procedimentos cuja necessidade esteja relacionada à continuidade da assistência prestada em âmbito de internação hospitalar; (Incluído pela Lei nº 12.880, de 2013) (Vigência)

III - quando incluir atendimento obstétrico:

a) cobertura assistencial ao recém-nascido, filho natural ou adotivo do consumidor, ou de seu dependente, durante os primeiros trinta dias após o parto;

b) inscrição assegurada ao recém-nascido, filho natural ou adotivo do consumidor, como dependente, isento do cumprimento dos períodos de carência, desde que a inscrição ocorra no prazo máximo de trinta dias do nascimento ou da adoção; (Redação dada pela Medida Provisória nº 2.177-44, de 2001)

IV - quando incluir atendimento odontológico:

a) cobertura de consultas e exames auxiliares ou complementares, solicitados pelo odontólogo assistente;

b) cobertura de procedimentos preventivos, de dentística e endodontia;

c) cobertura de cirurgias orais menores, assim consideradas as realizadas em ambiente ambulatorial e sem anestesia geral;

V - quando fixar períodos de carência:

a) prazo máximo de trezentos dias para partos a termo;

b) prazo máximo de cento e oitenta dias para os demais casos;

c) prazo máximo de vinte e quatro horas para a cobertura dos casos de urgência e emergência; (Incluído pela Medida Provisória nº 2.177-44, de 2001)

VI - reembolso, em todos os tipos de produtos de que tratam o inciso I e o § 1º do art. 1º desta Lei, nos limites das obrigações contratuais, das despesas efetuadas pelo beneficiário com assistência à saúde, em casos de urgência ou emergência, quando não for possível a utilização dos serviços próprios, contratados, credenciados ou referenciados pelas operadoras, de acordo com a relação de preços de serviços médicos e hospitalares praticados pelo respectivo produto, pagáveis no prazo máximo de trinta dias após a entrega da documentação adequada; (Redação dada pela Medida Provisória nº 2.177-44, de 2001)

VII - inscrição de filho adotivo, menor de doze anos de idade, aproveitando os períodos de carência já cumpridos pelo consumidor adotante.

§ 1º Após cento e vinte dias da vigência desta Lei, fica proibido o oferecimento de produtos de que tratam o inciso I e o § 1º do art. 1º desta Lei fora das segmentações de que trata este artigo, observadas suas respectivas condições de abrangência e contratação. (Redação dada pela Medida Provisória nº 2.177-44, de 2001)

§ 2º A partir de 3 de dezembro de 1999, da documentação relativa à contratação de produtos de que tratam o inciso I e o § 1º do art. 1º desta Lei, nas segmentações de que trata este artigo, deverá constar declaração em separado do consumidor, de que tem conhecimento da existência e disponibilidade do plano referência, e de que este lhe foi oferecido. (Redação dada pela Medida Provisória nº 2.177-44, de 2001)

§ 3º (Revogado pela Medida Provisória nº 2.177-44, de 2001)

§ 4º As coberturas a que se referem as alíneas 'c' do inciso I e 'g' do inciso II deste artigo serão objeto de protocolos clínicos e diretrizes terapêuticas, revisados periodicamente, ouvidas as sociedades médicas de especialistas da área, publicados pela ANS. (Incluído pela Lei nº 12.880, de 2013) (Vigência)

§ 5º O fornecimento previsto nas alíneas 'c' do inciso I e 'g' do inciso II deste artigo dar-se-á, por meio de rede própria, credenciada, contratada ou referenciada, diretamente ao paciente ou ao seu representante legal, podendo ser realizado de maneira fracionada por ciclo, observadas as normas estabelecidas pelos órgãos reguladores e de acordo com prescrição médica. (Incluído pela Lei nº 12.880, de 2013) (Vigência)

Art. 13. Os contratos de produtos de que tratam o inciso I e o § 1º do art. 1º desta Lei têm renovação automática a partir do vencimento do prazo inicial de vigência, não cabendo a cobrança de taxas ou qualquer outro valor no ato da renovação. (Redação dada pela Medida

Provisória nº 2.177-44, de 2001)

Parágrafo único. Os produtos de que trata o **caput**, contratados individualmente, terão vigência mínima de um ano, sendo vedadas: (Redação dada pela Medida Provisória nº 2.177-44, de 2001)

I - a recontagem de carências; (Redação dada pela Medida Provisória nº 2.177-44, de 2001)

II - a suspensão ou a rescisão unilateral do contrato, salvo por fraude ou não-pagamento da mensalidade por período superior a sessenta dias, consecutivos ou não, nos últimos doze meses de vigência do contrato, desde que o consumidor seja comprovadamente notificado até o quinquagésimo dia de inadimplência; e (Redação dada pela Medida Provisória nº 2.177-44, de 2001)

III - a suspensão ou a rescisão unilateral do contrato, em qualquer hipótese, durante a ocorrência de internação do titular. (Incluído pela Medida Provisória nº 2.177-44, de 2001)

Art. 14. Em razão da idade do consumidor, ou da condição de pessoa portadora de deficiência, ninguém pode ser impedido de participar de planos privados de assistência à saúde. (Redação dada pela Medida Provisória nº 2.177-44, de 2001) (Vide Lei nº 12.764, de 2012)

Art. 15. A variação das contraprestações pecuniárias estabelecidas nos contratos de produtos de que tratam o inciso I e o § 1º do art. 1º desta Lei, em razão da idade do consumidor, somente poderá ocorrer caso estejam previstas no contrato inicial as faixas etárias e os percentuais de reajustes incidentes em cada uma delas, conforme normas expedidas pela ANS, ressalvado o disposto no art. 35-E. (Redação dada pela Medida Provisória nº 2.177-44, de 2001)

Parágrafo único. É vedada a variação a que alude o **caput** para consumidores com mais de sessenta anos de idade, que participarem dos produtos de que tratam o inciso I e o § 1º do art. 1º, ou sucessores, há mais de dez anos. (Redação dada pela Medida Provisória nº 2.177-44, de 2001)

Art. 16. Dos contratos, regulamentos ou condições gerais dos produtos de que tratam o inciso I e o § 1º do art. 1º desta Lei devem constar dispositivos que indiquem com clareza: (Redação dada pela Medida Provisória nº 2.177-44, de 2001)

I - as condições de admissão;

II - o início da vigência;

III - os períodos de carência para consultas, internações, procedimentos e exames;

IV - as faixas etárias e os percentuais a que alude o *caput* do art. 15;

V - as condições de perda da qualidade de beneficiário; (Redação dada pela Medida Provisória nº 2.177-44, de 2001)

VI - os eventos cobertos e excluídos;

VII - o regime, ou tipo de contratação: (Redação dada pela Medida Provisória nº 2.177-44, de 2001)

a) individual ou familiar; (Redação dada pela Medida Provisória nº 2.177-44, de 2001)

b) coletivo empresarial; ou (Redação dada pela Medida Provisória nº 2.177-44, de 2001)

c) coletivo por adesão; (Redação dada pela Medida Provisória nº 2.177-44, de 2001)

VIII - a franquia, os limites financeiros ou o percentual de coparticipação do consumidor ou beneficiário, contratualmente previstos nas despesas com assistência médica, hospitalar e odontológica; (Redação dada pela Medida Provisória nº 2.177-44, de 2001)

IX - os bônus, os descontos ou os agravamentos da contraprestação pecuniária;

X - a área geográfica de abrangência; (Redação dada pela Medida Provisória nº 2.177-44, de 2001)

XI - os critérios de reajuste e revisão das contraprestações pecuniárias.

XII - número de registro na ANS. (Incluído pela Medida Provisória nº 2.177-44, de 2001)

Parágrafo único. A todo consumidor titular de plano individual ou familiar será obrigatoriamente entregue, quando de sua inscrição, cópia do contrato, do regulamento ou das condições gerais dos produtos de que tratam o inciso I e o § 1º do art. 1º, além de material explicativo que descreva, em linguagem simples e precisa, todas as suas características, direitos e obrigações. (Redação dada pela Medida Provisória nº 2.177-44, de 2001)

Art. 17. A inclusão de qualquer prestador de serviço de saúde como contratado, referenciado ou credenciado dos produtos de que tratam o inciso I e o § 1º do art. 1º desta Lei implica compromisso com os consumidores quanto à sua manutenção ao longo da vigência dos contratos, permitindo-se sua substituição, desde que seja por outro prestador equivalente e mediante comunicação aos consumidores com 30 (trinta) dias de antecedência. (Redação dada pela Lei nº 13.003, de 2014)

§ 1º É facultada a substituição de entidade hospitalar, a que se refere o **caput** deste artigo, desde que por outro equivalente e mediante comunicação aos consumidores e à ANS com trinta dias de antecedência, ressalvados desse prazo mínimo os casos decorrentes de rescisão por fraude ou infração das normas sanitárias e fiscais em vigor. (Redação dada pela Medida Provisória nº 2.177-44, de 2001)

§ 2º Na hipótese de a substituição do estabelecimento hospitalar a que se refere o § 1º ocorrer por vontade da operadora durante período de internação do consumidor, o estabelecimento obriga-se a manter a internação e a operadora, a pagar as despesas até a alta hospitalar, a critério médico, na forma do contrato. (Redação dada pela Medida Provisória nº 2.177-44, de 2001)

§ 3º Excetuam-se do previsto no § 2º os casos de substituição do estabelecimento hospitalar por infração às normas sanitárias em vigor, durante período de internação, quando a operadora arcará com a responsabilidade pela transferência imediata para outro estabelecimento equivalente, garantindo a continuação da assistência, sem ônus adicional para o consumidor. (Incluído pela Medida Provisória nº 2.177-44, de 2001)

§ 4º Em caso de redimensionamento da rede hospitalar por redução, as empresas deverão solicitar à ANS autorização expressa para tanto, informando: (Incluído pela Medida Provisória nº 2.177-44, de 2001)

I - nome da entidade a ser excluída; (Incluído pela Medida Provisória nº 2.177-44, de 2001)

II - capacidade operacional a ser reduzida com a exclusão; (Incluído pela Medida Provisória nº 2.177-44, de 2001)

III - impacto sobre a massa assistida, a partir de parâmetros definidos pela ANS, correlacionando a necessidade de leitos e a capacidade operacional restante; e (Incluído pela Medida Provisória nº 2.177-44, de 2001)

IV - justificativa para a decisão, observando a obrigatoriedade de manter cobertura com padrões de qualidade equivalente e sem ônus adicional para o consumidor. (Incluído pela Medida Provisória nº 2.177-44, de 2001)

Art. 17-A. As condições de prestação de serviços de atenção à saúde no âmbito dos planos privados de assistência à saúde por pessoas físicas ou jurídicas, independentemente de sua qualificação como contratadas, referenciadas ou credenciadas, serão reguladas por contrato escrito, estipulado entre a operadora do plano e o prestador de serviço. (Incluído pela Lei nº 13.003, de 2014)

§ 1º São alcançados pelas disposições do caput os profissionais de saúde em prática liberal privada, na qualidade de pessoa física, e os estabelecimentos de saúde, na qualidade de pessoa jurídica, que prestem ou venham a prestar os serviços de assistência à saúde a que aludem os arts. 1º e 35-F desta Lei, no âmbito de planos privados de assistência à saúde. (Incluído pela Lei nº 13.003, de 2014)

§ 2º O contrato de que trata o caput deve estabelecer com clareza as condições para a sua execução, expressas em cláusulas que definam direitos, obrigações e responsabilidades das partes, incluídas, obrigatoriamente, as que determinem: (Incluído pela Lei nº 13.003, de 2014)

I - o objeto e a natureza do contrato, com descrição de todos os serviços contratados; (Incluído pela Lei nº 13.003, de 2014)

II - a definição dos valores dos serviços contratados, dos critérios, da forma e da periodicidade do seu reajuste e dos prazos e procedimentos para faturamento e pagamento dos serviços prestados; (Incluído pela Lei nº 13.003, de 2014)

III - a identificação dos atos, eventos e procedimentos médico-assistenciais que necessitem de autorização administrativa da operadora; (Incluído pela Lei nº 13.003, de 2014)

IV - a vigência do contrato e os critérios e procedimentos para prorrogação, renovação e rescisão; (Incluído pela Lei nº 13.003, de 2014)

V - as penalidades pelo não cumprimento das obrigações estabelecidas. (Incluído pela Lei nº 13.003, de 2014)

§ 3º A periodicidade do reajuste de que trata o inciso II do § 2º deste artigo será anual e realizada no prazo improrrogável de 90 (noventa) dias, contado do início de cada ano-calendário. (Incluído pela Lei nº 13.003, de 2014)

§ 4º Na hipótese de vencido o prazo previsto no § 3º deste artigo, a Agência Nacional de Saúde Suplementar - ANS, quando for o caso, definirá o índice de reajuste. (Incluído pela Lei nº 13.003, de 2014)

§ 5º A ANS poderá constituir, na forma da legislação vigente, câmara técnica com representação proporcional das partes envolvidas para o adequado cumprimento desta Lei. (Incluído pela Lei nº 13.003, de 2014)

§ 6º A ANS publicará normas regulamentares sobre o disposto neste artigo. (Incluído pela Lei nº 13.003, de 2014)

Art. 18. A aceitação, por parte de qualquer prestador de serviço ou profissional de saúde, da condição de contratado, referenciado, credenciado ou cooperado de uma operadora de produtos de que tratam o inciso I e o § 1º do art. 1º desta Lei implica as seguintes obrigações e direitos: (Redação dada pela Lei nº 13.003, de 2014)

I - o consumidor de determinada operadora, em nenhuma hipótese e sob nenhum pretexto ou alegação, pode ser discriminado ou atendido de forma distinta daquela dispensada aos clientes vinculados a outra operadora ou plano;

II - a marcação de consultas, exames e quaisquer outros procedimentos deve ser feita de forma a atender às necessidades dos consumidores, privilegiando os casos de emergência ou urgência, assim como as pessoas com mais de sessenta e cinco anos de idade, as gestantes, lactantes, lactentes e crianças até cinco anos;

III - a manutenção de relacionamento de contratação, credenciamento ou referenciamento com número ilimitado de operadoras, sendo expressamente vedado às operadoras, independente de sua natureza jurídica constitutiva, impor contratos de exclusividade ou de restrição à atividade profissional. (Redação dada pela Medida Provisória nº 2.177-44, de 2001)

Parágrafo único. A partir de 3 de dezembro de 1999, os prestadores de serviço ou profissionais de saúde não poderão manter contrato, credenciamento ou referenciamento com operadoras que não tiverem registros para funcionamento e comercialização conforme previsto nesta Lei, sob pena de responsabilidade por atividade irregular. (Incluído pela Medida Provisória nº 2.177-44, de 2001)

Art. 19. Para requerer a autorização definitiva de funcionamento, as pessoas jurídicas que já atuavam como operadoras ou administradoras dos produtos de que tratam o inciso I e o § 1º do art. 1º desta Lei, terão prazo de cento e oitenta dias, a partir da publicação da regulamentação específica pela ANS. (Redação dada pela Medida Provisória nº 2.177-44, de 2001)

§ 1º Até que sejam expedidas as normas de registro, serão mantidos registros provisórios das pessoas jurídicas e dos produtos na ANS, com a finalidade de autorizar a comercialização ou operação dos produtos a que alude o **caput**, a partir de 2 de janeiro de 1999. (Redação dada pela Medida Provisória nº 2.177-44, de 2001)

§ 2º Para o registro provisório, as operadoras ou administradoras dos produtos a que alude o **caput** deverão apresentar à ANS as informações requeridas e os seguintes documentos, independentemente de outros que venham a ser exigidos: (Incluído pela Medida Provisória nº 2.177-44, de 2001)

I - registro do instrumento de constituição da pessoa jurídica; (Incluído pela Medida Provisória nº 2.177-44, de 2001)

II - nome fantasia; (Incluído pela Medida Provisória nº 2.177-44, de 2001)

III - CNPJ; (Incluído pela Medida Provisória nº 2.177-44, de 2001)

IV - endereço; (Incluído pela Medida Provisória nº 2.177-44, de 2001)

V - telefone, fax e e-mail; e (Incluído pela Medida Provisória nº 2.177-44, de 2001)

VI - principais dirigentes da pessoa jurídica e nome dos cargos que ocupam. (Incluído pela Medida Provisória nº 2.177-44, de 2001)

§ 3º Para registro provisório dos produtos a serem comercializados, deverão ser apresentados à ANS os seguintes dados: (Incluído pela Medida Provisória nº 2.177-44, de 2001)

I - razão social da operadora ou da administradora; (Incluído pela Medida Provisória nº 2.177-44, de 2001)

II - CNPJ da operadora ou da administradora; (Incluído pela Medida Provisória nº 2.177-44, de 2001)

III - nome do produto; (Incluído pela Medida Provisória nº 2.177-44, de 2001)

IV - segmentação da assistência (ambulatorial, hospitalar com obstetrícia, hospitalar sem obstetrícia, odontológica e referência); (Incluído pela Medida Provisória nº 2.177-44, de 2001)

V - tipo de contratação (individual/familiar, coletivo empresarial e coletivo por adesão); (Incluído pela Medida Provisória nº 2.177-44, de 2001)

VI - âmbito geográfico de cobertura; (Incluído pela Medida Provisória nº 2.177-44, de 2001)

VII - faixas etárias e respectivos preços; (Incluído pela Medida Provisória nº 2.177-44, de 2001)

VIII - rede hospitalar própria por Município (para segmentações hospitalar e referência); (Incluído pela Medida Provisória nº 2.177-44, de 2001)

IX - rede hospitalar contratada ou referenciada por Município (para segmentações hospitalar e referência); (Incluído pela Medida Provisória nº 2.177-44, de 2001)

X - outros documentos e informações que venham a ser solicitados pela ANS. (Incluído pela Medida Provisória nº 2.177-44, de 2001)

§ 4º Os procedimentos administrativos para registro provisório dos produtos serão tratados em norma específica da ANS. (Incluído pela Medida Provisória nº 2.177-44, de 2001)

§ 5º Independentemente do cumprimento, por parte da operadora, das formalidades do registro provisório, ou da conformidade dos textos das condições gerais ou dos instrumentos contratuais, ficam garantidos, a todos os usuários de produtos a que alude o **caput**, contratados a partir de 2 de janeiro de 1999, todos os benefícios de acesso e cobertura previstos nesta Lei e em seus regulamentos, para cada segmentação definida no art. 12.(Incluído pela Medida Provisória nº 2.177-44, de 2001)

§ 6º O não-cumprimento do disposto neste artigo implica o pagamento de multa diária no valor de R$ 10.000,00 (dez mil reais) aplicada às operadoras dos produtos de que tratam o inciso I e o § 1º do art. 1º. (Incluído pela Medida Provisória nº 2.177-44, de 2001)

§ 7º As pessoas jurídicas que forem iniciar operação de comercialização de planos privados de assistência à saúde, a partir de 8 de dezembro de 1998, estão sujeitas aos registros de que trata o § 1º deste artigo. (Incluído pela Medida Provisória nº 2.177-44, de 2001)

Art. 20. As operadoras de produtos de que tratam o inciso I e o § 1º do art. 1º desta Lei são obrigadas a fornecer, periodicamente, à ANS todas as informações e estatísticas relativas as suas atividades, incluídas as de natureza cadastral, especialmente aquelas que permitam a identificação dos consumidores e de seus dependentes, incluindo seus nomes, inscrições no Cadastro de Pessoas Físicas dos titulares e Municípios onde residem, para fins do disposto no art. 32. (Redação dada pela Medida Provisória nº 2.177-44, de 2001)

§ 1º Os agentes, especialmente designados pela ANS, para o exercício das atividades de fiscalização e nos limites por ela estabelecidos, têm livre acesso às operadoras, podendo requisitar e apreender processos, contratos, manuais de rotina operacional e demais documentos, relativos aos produtos de que tratam o inciso I e o § 1º do art. 1º desta Lei. (Renumerado pela Medida Provisória nº 2.177-44, de 2001)

§ 2º Caracteriza-se como embaraço à fiscalização, sujeito às penas previstas na lei, a imposição de qualquer dificuldade à consecução dos objetivos da fiscalização, de que trata o § 1º deste artigo. (Incluído pela Medida Provisória nº 2.177-44, de 2001)

Art. 21. É vedado às operadoras de planos privados de assistência à saúde realizar quaisquer operações financeiras:

I - com seus diretores e membros dos conselhos administrativos, consultivos, fiscais ou assemelhados, bem como com os respectivos cônjuges e parentes até o segundo grau, inclusive;

II - com empresa de que participem as pessoas a que se refere o inciso I, desde que estas sejam, em conjunto ou isoladamente, consideradas como controladoras da empresa. (Redação dada pela Medida Provisória nº 2.177-44, de 2001)

Art. 22. As operadoras de planos privados de assistência à saúde submeterão suas contas a auditores independentes, registrados no respectivo Conselho Regional de Contabilidade e na Comissão de Valores Mobiliários - CVM, publicando, anualmente, o parecer respectivo, juntamente com as demonstrações financeiras determinadas pela Lei n° 6.404, de 15 de dezembro de 1976.

§ 1º A auditoria independente também poderá ser exigida quanto aos cálculos atuariais, elaborados segundo diretrizes gerais definidas pelo CONSU. (Renumerado pela Medida Provisória nº 2.177-44, de 2001)

§ 2º As operadoras com número de beneficiários inferior a vinte mil usuários ficam dispensadas da publicação do parecer do auditor e das demonstrações financeiras, devendo, a ANS, dar-lhes publicidade. (Incluído pela Medida Provisória nº 2.177-44, de 2001)

Art. 23. As operadoras de planos privados de assistência à saúde não podem requerer concordata e não estão sujeitas a falência ou insolvência civil, mas tão-somente ao regime de liquidação extrajudicial. (Redação dada pela Medida Provisória nº 2.177-44, de 2001)

§ 1º As operadoras sujeitar-se-ão ao regime de falência ou insolvência civil quando, no curso da liquidação extrajudicial, forem verificadas uma das seguintes hipóteses: (Incluído pela Medida Provisória nº 2.177-44, de 2001)

I - o ativo da massa liquidanda não for suficiente para o pagamento de pelo menos a metade dos créditos quirografários; (Incluído pela Medida Provisória nº 2.177-44, de 2001)

II - o ativo realizável da massa liquidanda não for suficiente, sequer, para o pagamento das despesas administrativas e operacionais inerentes ao regular processamento da liquidação extrajudicial; ou (Incluído pela Medida Provisória nº 2.177-44, de 2001)

III - nas hipóteses de fundados indícios de condutas previstas nos arts. 186 a 189 do Decreto-Lei nº 7.661, de 21 de junho de 1945. (Incluído pela Medida Provisória nº 2.177-44, de 2001)

§ 2º Para efeito desta Lei, define-se ativo realizável como sendo todo ativo que possa ser convertido em moeda corrente em prazo compatível para o pagamento das despesas administrativas e operacionais da massa liquidanda. (Incluído pela Medida Provisória nº 2.177-44, de 2001)

§ 3º À vista do relatório do liquidante extrajudicial, e em se verificando qualquer uma das hipóteses previstas nos incisos I, II ou III do § 1º deste artigo, a ANS poderá autorizá-lo a requerer a falência ou insolvência civil da operadora. (Incluído pela Medida Provisória nº 2.177-44, de 2001)

§ 4º A distribuição do requerimento produzirá imediatamente os seguintes efeitos: (Incluído pela Medida Provisória nº 2.177-44, de 2001)

I - a manutenção da suspensão dos prazos judiciais em relação à massa liquidanda; (Incluído pela Medida Provisória nº 2.177-44, de 2001)

II - a suspensão dos procedimentos administrativos de liquidação extrajudicial, salvo os relativos à guarda e à proteção dos bens e imóveis da massa; (Incluído pela Medida Provisória nº 2.177-44, de 2001)

III - a manutenção da indisponibilidade dos bens dos administradores, gerentes, conselheiros e assemelhados, até posterior determinação judicial; e (Incluído pela Medida Provisória nº 2.177-44, de 2001)

IV - prevenção do juízo que emitir o primeiro despacho em relação ao pedido de conversão do regime. (Incluído pela Medida Provisória nº 2.177-44, de 2001)

§ 5º A ANS, no caso previsto no inciso II do § 1º deste artigo, poderá, no período compreendido entre a distribuição do requerimento e a decretação da falência ou insolvência civil, apoiar a proteção dos bens móveis e imóveis da massa liquidanda. (Incluído pela Medida Provisória nº 2.177-44, de 2001)

§ 6º O liquidante enviará ao juízo prevento o rol das ações judiciais em curso cujo andamento ficará suspenso até que o juiz competente nomeie o síndico da massa falida ou o liquidante da massa insolvente. (Incluído pela Medida Provisória nº 2.177-44, de 2001)

Art. 24. Sempre que detectadas nas operadoras sujeitas à disciplina desta Lei insuficiência das garantias do equilíbrio financeiro, anormalidades econômico-financeiras ou administrativas graves que coloquem em risco a continuidade ou a qualidade do atendimento à saúde, a ANS poderá determinar a alienação da carteira, o regime de direção fiscal ou técnica, por prazo não superior a trezentos e sessenta e cinco dias, ou a liquidação extrajudicial, conforme a gravidade do caso. (Redação dada pela Medida Provisória nº 2.177-44, de 2001)

§ 1º O descumprimento das determinações do diretor-fiscal ou técnico, e do liquidante, por dirigentes, administradores, conselheiros ou empregados da operadora de planos privados de assistência à saúde acarretará o imediato afastamento do infrator, por decisão da ANS, sem prejuízo das sanções penais cabíveis, assegurado o direito ao contraditório, sem que isto implique efeito suspensivo da decisão administrativa que determinou o afastamento. (Redação dada pela Medida Provisória nº 2.177-44, de 2001)

§ 2º A ANS, **ex officio** ou por recomendação do diretor técnico ou fiscal ou do liquidante, poderá, em ato administrativo devidamente motivado, determinar o afastamento dos diretores, administradores, gerentes e membros do conselho fiscal da operadora sob regime de direção ou em liquidação. (Redação dada pela Medida Provisória nº 2.177-44, de 2001)

§ 3º No prazo que lhe for designado, o diretor-fiscal ou técnico procederá à análise da organização administrativa e da situação econômico-financeira da operadora, bem assim da qualidade do atendimento aos consumidores, e proporá à ANS as medidas cabíveis. (Redação dada pela Medida Provisória nº 2.177-44, de 2001)

§ 4º O diretor-fiscal ou técnico poderá propor a transformação do regime de direção em liquidação extrajudicial. (Redação dada pela Medida Provisória nº 2.177-44, de 2001)

§ 5º A ANS promoverá, no prazo máximo de noventa dias, a alienação da carteira das operadoras de planos privados de assistência à saúde, no caso de não surtirem efeito as medidas por ela determinadas para sanar as irregularidades ou nas situações que impliquem risco para os consumidores participantes da carteira. (Redação dada pela Medida Provisória nº 2.177-44, de 2001)

Art. 24-A. Os administradores das operadoras de planos privados de assistência à saúde em regime de direção fiscal ou liquidação extrajudicial, independentemente da natureza jurídica da operadora, ficarão com todos os seus bens indisponíveis, não podendo, por qualquer forma, direta ou indireta, aliená-los ou onerá-los, até apuração e liquidação final de suas responsabilidades. (Incluído pela Medida Provisória nº 2.177-44, de 2001)

§ 1º A indisponibilidade prevista neste artigo decorre do ato que decretar a direção fiscal ou a liquidação extrajudicial e atinge a todos aqueles que tenham estado no exercício das funções nos doze meses anteriores ao mesmo ato. (Incluído pela Medida Provisória nº 2.177-44, de 2001)

§ 2º Na hipótese de regime de direção fiscal, a indisponibilidade de bens a que se refere o **caput** deste artigo poderá não alcançar os bens dos administradores, por deliberação expressa da Diretoria Colegiada da ANS. (Incluído pela Medida Provisória nº 2.177-44, de 2001)

§ 3º A ANS, **ex officio** ou por recomendação do diretor fiscal ou do liquidante, poderá estender a indisponibilidade prevista neste artigo: (Incluído pela Medida Provisória nº 2.177-44, de 2001)

I - aos bens de gerentes, conselheiros e aos de todos aqueles que tenham concorrido, no período previsto no § 1º, para a decretação da direção fiscal ou da liquidação extrajudicial; (Incluído pela Medida Provisória nº 2.177-44, de 2001)

II - aos bens adquiridos, a qualquer título, por terceiros, no período previsto no § 1º, das pessoas referidas no inciso I, desde que configurada fraude na transferência. (Incluído pela Medida Provisória nº

2.177-44, de 2001)

§ 4º Não se incluem nas disposições deste artigo os bens considerados inalienáveis ou impenhoráveis pela legislação em vigor. (Incluído pela Medida Provisória nº 2.177-44, de 2001)

§ 5º A indisponibilidade também não alcança os bens objeto de contrato de alienação, de promessa de compra e venda, de cessão ou promessa de cessão de direitos, desde que os respectivos instrumentos tenham sido levados ao competente registro público, anteriormente à data da decretação da direção fiscal ou da liquidação extrajudicial. (Incluído pela Medida Provisória nº 2.177-44, de 2001)

§ 6º Os administradores das operadoras de planos privados de assistência à saúde respondem solidariamente pelas obrigações por eles assumidas durante sua gestão até o montante dos prejuízos causados, independentemente do nexo de causalidade. (Incluído pela Medida Provisória nº 2.177-44, de 2001)

Art. 24-B. A Diretoria Colegiada definirá as atribuições e competências do diretor técnico, diretor fiscal e do responsável pela alienação de carteira, podendo ampliá-las, se necessário. (Incluído pela Medida Provisória nº 2.177-44, de 2001)

Art. 24-C. Os créditos decorrentes da prestação de serviços de assistência privada à saúde preferem a todos os demais, exceto os de natureza trabalhista e tributários. (Incluído pela Medida Provisória nº 2.177-44, de 2001)

Art. 24-D. Aplica-se à liquidação extrajudicial das operadoras de planos privados de assistência à saúde e ao disposto nos arts. 24-A e 35-I, no que couber com os preceitos desta Lei, o disposto na Lei nº 6.024, de 13 de março de 1974, no Decreto-Lei nº 7.661, de 21 de junho de 1945, no Decreto-Lei nº 41, de 18 de novembro de 1966, e no Decreto-Lei nº 73, de 21 de novembro de 1966, conforme o que dispuser a ANS. (Incluído pela Medida Provisória nº 2.177-44, de 2001)

Art. 25. As infrações dos dispositivos desta Lei e de seus regulamentos, bem como aos dispositivos dos contratos firmados, a qualquer tempo, entre operadoras e usuários de planos privados de assistência à saúde, sujeitam a operadora dos produtos de que tratam o inciso I e o § 1º do art. 1º desta Lei, seus administradores, membros de conselhos administrativos, deliberativos, consultivos, fiscais e assemelhados às seguintes penalidades, sem prejuízo de outras estabelecidas na legislação vigente: (Redação dada pela Medida Provisória nº 2.177-44, de 2001) (Vigência)

I - advertência;

II - multa pecuniária;

III - suspensão do exercício do cargo;

IV - inabilitação temporária para exercício de cargos em operadoras de planos de assistência à saúde; (Redação dada pela Medida Provisória nº 2.177-44, de 2001)

V - inabilitação permanente para exercício de cargos de direção ou em conselhos das operadoras a que se refere esta Lei, bem como em entidades de previdência privada, sociedades seguradoras, corretoras de seguros e instituições financeiras.

VI - cancelamento da autorização de funcionamento e alienação da carteira da operadora. (Incluído pela Medida Provisória nº 2.177-44, de 2001)

Art. 26. Os administradores e membros dos conselhos administrativos, deliberativos, consultivos, fiscais e assemelhados das operadoras de que trata esta Lei respondem solidariamente pelos prejuízos causados a terceiros, inclusive aos acionistas, cotistas, cooperados e consumidores de planos privados de assistência à saúde, conforme o caso, em consequência do descumprimento de leis, normas e instruções referentes às operações previstas na legislação e, em especial, pela falta de constituição e cobertura das garantias obrigatórias. (Redação dada pela Medida Provisória nº 2.177-44, de 2001)

Art. 27. A multa de que trata o art. 25 será fixada e aplicada pela ANS no âmbito de suas atribuições, com valor não inferior a R$ 5.000,00 (cinco mil reais) e não superior a R$ 1.000.000,00 (um milhão de reais) de acordo com o porte econômico da operadora ou prestadora de serviço e a gravidade da infração, ressalvado o disposto no § 6º do art. 19. (Redação dada pela Medida Provisória nº 2.177-44, de 2001)

Art. 28. (Revogado pela Medida Provisória nº 2.177-44, de 2001)

Art. 29. As infrações serão apuradas mediante processo administrativo que tenha por base o auto de infração, a representação ou a denúncia positiva dos fatos irregulares, cabendo à ANS dispor sobre normas para instauração, recursos e seus efeitos, instâncias e prazos. (Redação dada pela Medida Provisória nº 2.177-44, de 2001)

§ 1º O processo administrativo, antes de aplicada a penalidade, poderá, a título excepcional, ser suspenso, pela ANS, se a operadora ou prestadora de serviço assinar termo de compromisso de ajuste de conduta, perante a diretoria colegiada, que terá eficácia de título executivo extrajudicial, obrigando-se a: (Incluído pela Medida Provisória nº 2.177-44, de 2001)

I - cessar a prática de atividades ou atos objetos da apuração; e (Incluído pela Medida Provisória nº 2.177-44, de 2001)

II - corrigir as irregularidades, inclusive indenizando os prejuízos delas decorrentes. (Incluído pela Medida Provisória nº 2.177-44, de 2001)

§ 2º O termo de compromisso de ajuste de conduta conterá, necessariamente, as seguintes cláusulas: (Incluído pela Medida Provisória nº 2.177-44, de 2001)

I - obrigações do compromissário de fazer cessar a prática objeto da apuração, no prazo estabelecido; (Incluído pela Medida Provisória nº 2.177-44, de 2001)

II - valor da multa a ser imposta no caso de descumprimento, não inferior a R$ 5.000,00 (cinco mil reais) e não superior a R$ 1.000.000,00 (um milhão de reais) de acordo com o porte econômico da operadora ou da prestadora de serviço. (Incluído pela Medida Provisória nº 2.177-44, de 2001)

§ 3º A assinatura do termo de compromisso de ajuste de conduta não importa confissão do compromissário quanto à matéria de fato, nem reconhecimento de ilicitude da conduta em apuração. (Incluído pela Medida Provisória nº 2.177-44, de 2001)

§ 4º O descumprimento do termo de compromisso de ajuste de conduta, sem prejuízo da aplicação da multa a que se refere o inciso II do § 2º, acarreta a revogação da suspensão do processo. (Incluído pela Medida Provisória nº 2.177-44, de 2001)

§ 5º Cumpridas as obrigações assumidas no termo de compromisso de ajuste de conduta, será extinto o processo. (Incluído pela Medida Provisória nº 2.177-44, de 2001)

§ 6º Suspende-se a prescrição durante a vigência do termo de compromisso de ajuste de conduta. (Incluído pela Medida Provisória nº 2.177-44, de 2001)

§ 7º Não poderá ser firmado termo de compromisso de ajuste de conduta quando tiver havido descumprimento de outro termo de compromisso de ajuste de conduta nos termos desta Lei, dentro do prazo de dois anos. (Incluído pela Medida Provisória nº 2.177-44, de 2001)

§ 8º O termo de compromisso de ajuste de conduta deverá ser publicado no Diário Oficial da União. (Incluído pela Medida Provisória nº 2.177-44, de 2001)

§ 9º A ANS regulamentará a aplicação do disposto nos §§ 1º a 7º deste artigo. (Incluído pela Medida Provisória nº 2.177-44, de 2001)

Art. 29-A. A ANS poderá celebrar com as operadoras termo de compromisso, quando houver interesse na implementação de práticas que consistam em vantagens para os consumidores, com vistas a assegurar a manutenção da qualidade dos serviços de assistência à saúde. (Incluído pela Medida Provisória nº 2.177-44, de 2001)

§ 1º O termo de compromisso referido no **caput** não poderá implicar restrição de direitos do usuário. (Incluído pela Medida Provisória nº 2.177-44, de 2001)

§ 2º Na definição do termo de que trata este artigo serão considerados os critérios de aferição e controle da qualidade dos serviços a serem oferecidos pelas operadoras. (Incluído pela Medida Provisória nº 2.177-44, de 2001)

§ 3º O descumprimento injustificado do termo de compromisso poderá importar na aplicação da penalidade de multa a que se refere o inciso II, § 2º, do art. 29 desta Lei. (Incluído pela Medida Provisória nº 2.177-44, de 2001)

Art. 30. Ao consumidor que contribuir para produtos de que tratam o inciso I e o § 1º do art. 1º desta Lei, em decorrência de vínculo empregatício, no caso de rescisão ou exoneração do contrato de trabalho sem justa causa, é assegurado o direito de manter sua condição de beneficiário, nas mesmas condições de cobertura assistencial de que gozava quando da vigência do contrato de trabalho, desde que assuma o seu pagamento integral. (Redação dada pela Medida Provisória nº 2.177-44, de 2001)

§ 1º O período de manutenção da condição de beneficiário a que se refere o **caput** será de um terço do tempo de permanência nos produtos de que tratam o inciso I e o § 1º do art. 1º, ou sucessores, com um mínimo assegurado de seis meses e um máximo de vinte e quatro meses. (Redação dada pela Medida Provisória nº 2.177-44, de 2001)

§ 2º A manutenção de que trata este artigo é extensiva, obrigatoriamente, a todo o grupo familiar inscrito quando da vigência do contrato de trabalho.

§ 3º Em caso de morte do titular, o direito de permanência é assegurado aos dependentes cobertos pelo plano ou seguro privado coletivo de assistência à saúde, nos termos do disposto neste artigo.

§ 4º O direito assegurado neste artigo não exclui vantagens obtidas pelos empregados decorrentes de negociações coletivas de trabalho.

§ 5º A condição prevista no **caput** deste artigo deixará de existir quando da admissão do consumidor titular em novo emprego. (Incluído pela Medida Provisória nº 2.177-44, de 2001)

§ 6º Nos planos coletivos custeados integralmente pela empresa, não é considerada contribuição a coparticipação do consumidor, única e exclusivamente, em procedimentos, como fator de moderação, na utilização dos serviços de assistência médica ou hospitalar. (Incluído pela Medida Provisória nº 2.177-44, de 2001)

Art. 31. Ao aposentado que contribuir para produtos de que tratam o inciso I e o § 1º do art. 1º desta Lei, em decorrência de vínculo empregatício, pelo prazo mínimo de dez anos, é assegurado o direito de manutenção como beneficiário, nas mesmas condições de cobertura assistencial de que gozava quando da vigência do contrato de trabalho, desde que assuma o seu pagamento integral. (Redação dada pela Medida Provisória nº 2.177-44, de 2001)

§ 1º Ao aposentado que contribuir para planos coletivos de assistência à saúde por período inferior ao estabelecido no **caput** é assegurado o direito de manutenção como beneficiário, à razão de um ano para cada ano de contribuição, desde que assuma o pagamento integral do mesmo. (Redação dada pela Medida Provisória nº 2.177-44, de 2001)

§ 2º Para gozo do direito assegurado neste artigo, observar-se-ão as mesmas condições estabelecidas nos §§ 2º, 3º, 4o, 5o e 6º do art. 30. (Redação dada pela Medida Provisória nº 2.177-44, de 2001)

§ 3º Para gozo do direito assegurado neste artigo, observar-se-ão as mesmas condições estabelecidas nos §§ 2º e 4º do art. 30.

Art. 32. Serão ressarcidos pelas operadoras dos produtos de que tratam o inciso I e o § 1º do art. 1º desta Lei, de acordo com normas a serem definidas pela ANS, os serviços de atendimento à saúde previstos nos respectivos contratos, prestados a seus consumidores e respectivos dependentes, em instituições públicas ou privadas, conveniadas ou contratadas, integrantes do Sistema Único de Saúde - SUS. (Redação dada pela Medida Provisória nº 2.177-44, de 2001)

§ 1º O ressarcimento será efetuado pelas operadoras ao SUS com base em regra de valoração aprovada e divulgada pela ANS, mediante crédito ao Fundo Nacional de Saúde - FNS. (Redação dada pela Lei nº 12.469, de 2011)

§ 2º Para a efetivação do ressarcimento, a ANS disponibilizará às operadoras a discriminação dos procedimentos realizados para cada consumidor. (Redação dada pela Medida Provisória nº 2.177-44, de 2001)

§ 3º A operadora efetuará o ressarcimento até o 15º (décimo quinto) dia da data de recebimento da notificação de cobrança feita pela ANS. (Redação dada pela Lei nº 12.469, de 2011)

§ 4º O ressarcimento não efetuado no prazo previsto no § 3º será cobrado com os seguintes acréscimos: (Redação dada pela Medida Provisória nº 2.177-44, de 2001)

I - juros de mora contados do mês seguinte ao do vencimento, à razão de um por cento ao mês ou fração; (Incluído pela Medida Provisória nº 2.177-44, de 2001)

II - multa de mora de dez por cento. (Incluído pela Medida Provisória nº 2.177-44, de 2001)

§ 5º Os valores não recolhidos no prazo previsto no § 3º serão inscritos em dívida ativa da ANS, a qual compete a cobrança judicial dos respectivos créditos. (Incluído pela Medida Provisória nº 2.177-44, de 2001)

§ 6º O produto da arrecadação dos juros e da multa de mora serão revertidos ao Fundo Nacional de Saúde. (Incluído pela Medida Provisória nº 2.177-44, de 2001)

§ 7º A ANS disciplinará o processo de glosa ou impugnação dos procedimentos encaminhados, conforme previsto no § 2º deste artigo, cabendo-lhe, inclusive, estabelecer procedimentos para cobrança dos valores a serem ressarcidos. (Redação dada pela Lei nº 12.469, de 2011)

§ 8º Os valores a serem ressarcidos não serão inferiores aos praticados pelo SUS e nem superiores aos praticados pelas operadoras de produtos de que tratam o inciso I e o § 1º do art. 1º desta Lei. (Incluído pela Medida Provisória nº 2.177-44, de 2001)

§ 9º Os valores a que se referem os §§ 3º e 6º deste artigo não serão computados para fins de aplicação dos recursos mínimos nas ações e serviços públicos de saúde nos termos da Constituição Federal. (Incluído pela Lei nº 12.469, de 2011)

Art. 33. Havendo indisponibilidade de leito hospitalar nos estabelecimentos próprios ou credenciados pelo plano, é garantido ao consumidor o acesso à acomodação, em nível superior, sem ônus adicional.

Art. 34. As pessoas jurídicas que executam outras atividades além das abrangidas por esta Lei deverão, na forma e no prazo definidos pela ANS, constituir pessoas jurídicas independentes, com ou sem fins lucrativos, especificamente para operar planos privados de assistência à saúde, na forma da legislação em vigor e em especial desta Lei e de seus regulamentos. (Redação dada pela Medida Provisória nº 2.177-44, de 2001)

§ 1º O disposto no **caput** não se aplica às entidades de autogestão constituídas sob a forma de fundação, de sindicato ou de associação que, na data da publicação desta Lei, já exerciam outras atividades em conjunto com as relacionadas à assistência à saúde, nos termos dos pertinentes estatutos sociais.   (Incluído pela Lei nº 13.127, de 2015)

§ 2º As entidades de que trata o § 1º poderão, desde que a hipótese de segregação da finalidade estatutária esteja prevista ou seja assegurada pelo órgão interno competente, constituir filial ou departamento com número do Cadastro Nacional da Pessoa Jurídica sequencial ao da pessoa jurídica principal.   (Incluído pela Lei nº 13.127, de 2015)

§ 3º As entidades de que trata o § 1º que optarem por proceder de acordo com o previsto no § 2º assegurarão condições para sua adequada segregação patrimonial, administrativa, financeira e contábil.   (Incluído pela Lei nº 13.127, de 2015)

Art. 35. Aplicam-se as disposições desta Lei a todos os contratos celebrados a partir de sua vigência, assegurada aos consumidores com contratos anteriores, bem como àqueles com contratos celebrados entre 2 de setembro de 1998 e 1º de janeiro de 1999, a possibilidade de optar pela adaptação ao sistema previsto nesta Lei. (Redação dada pela Medida Provisória nº 2.177-44, de 2001)

§ 1º Sem prejuízo do disposto no art. 35-E, a adaptação dos contratos de que trata este artigo deverá ser formalizada em termo próprio, assinado pelos contratantes, de acordo com as normas a serem definidas pela ANS. (Redação dada pela Medida Provisória nº 2.177-44, de 2001)

§ 2º Quando a adaptação dos contratos incluir aumento de contraprestação pecuniária, a composição da base de cálculo deverá ficar restrita aos itens correspondentes ao aumento de cobertura, e ficará disponível para verificação pela ANS, que poderá determinar sua alteração quando o novo valor não estiver devidamente justificado. (Redação dada pela Medida Provisória nº 2.177-44, de 2001)

§ 3º A adaptação dos contratos não implica nova contagem dos períodos de carência e dos prazos de aquisição dos benefícios previstos nos arts. 30 e 31 desta Lei, observados, quanto aos últimos, os limites de cobertura previstos no contrato original. (Incluído pela Medida Provisória nº 2.177-44, de 2001)

§ 4º Nenhum contrato poderá ser adaptado por decisão unilateral da empresa operadora. (Incluído pela Medida Provisória nº 2.177-44, de 2001)

§ 5º A manutenção dos contratos originais pelos consumidores não-optantes tem caráter personalíssimo, devendo ser garantida somente ao titular e a seus dependentes já inscritos, permitida inclusão apenas de novo cônjuge e filhos, e vedada a transferência da sua titularidade, sob qualquer pretexto, a terceiros. (Incluído pela Medida Provisória nº 2.177-44, de 2001)

§ 6º Os produtos de que tratam o inciso I e o § 1º do art. 1º desta Lei, contratados até 1º de janeiro de 1999, deverão permanecer em operação, por tempo indeterminado, apenas para os consumidores que não optarem pela adaptação às novas regras, sendo considerados extintos para fim de comercialização. (Incluído pela Medida Provisória nº 2.177-44, de 2001)

§ 7º Às pessoas jurídicas contratantes de planos coletivos, não-optantes pela adaptação prevista neste artigo, fica assegurada a manutenção dos contratos originais, nas coberturas assistenciais neles pactuadas. (Incluído pela Medida Provisória nº 2.177-44, de 2001)

§ 8º A ANS definirá em norma própria os procedimentos formais que deverão ser adotados pelas empresas para a adaptação dos contratos de que trata este artigo. (Incluído pela Medida Provisória nº 2.177-44, de 2001)

Art. 35-A. Fica criado o Conselho de Saúde Suplementar - CONSU, órgão colegiado integrante da estrutura regimental do Ministério da Saúde, com competência para: (Vigência) (Incluído pela Medida Provisória nº 2.177-44, de 2001)

I - estabelecer e supervisionar a execução de políticas e diretrizes gerais do setor de saúde suplementar; (Incluído pela Medida Provisória nº 2.177-44, de 2001)

II - aprovar o contrato de gestão da ANS; (Incluído pela Medida Provisória nº 2.177-44, de 2001)

III - supervisionar e acompanhar as ações e o funcionamento da ANS; (Incluído pela Medida Provisória nº 2.177-44, de 2001)

IV - fixar diretrizes gerais para implementação no setor de saúde suplementar sobre: (Incluído pela Medida Provisória nº 2.177-44, de 2001)

a) aspectos econômico-financeiros; (Incluído pela Medida Provisória nº 2.177-44, de 2001)

b) normas de contabilidade, atuariais e estatísticas; (Incluído pela Medida Provisória nº 2.177-44, de 2001)

c) parâmetros quanto ao capital e ao patrimônio líquido mínimos, bem assim quanto às formas de sua subscrição e realização quando se tratar de sociedade anônima; (Incluído pela Medida Provisória nº 2.177-44, de 2001)

d) critérios de constituição de garantias de manutenção do equilíbrio econômico-financeiro, consistentes em bens, móveis ou imóveis, ou fundos especiais ou seguros garantidores; (Incluído pela Medida Provisória nº 2.177-44, de 2001)

e) criação de fundo, contratação de seguro garantidor ou outros instrumentos que julgar adequados, com o objetivo de proteger o consumidor de planos privados de assistência à saúde em caso de insolvência de empresas operadoras; (Incluído pela Medida Provisória nº 2.177-44, de 2001)

V - deliberar sobre a criação de câmaras técnicas, de caráter consultivo, de forma a subsidiar suas decisões. (Incluído pela Medida Provisória nº 2.177-44, de 2001)

Parágrafo único. A ANS fixará as normas sobre as matérias previstas no inciso IV deste artigo, devendo adequá-las, se necessário, quando houver diretrizes gerais estabelecidas pelo CONSU. (Incluído pela Medida Provisória nº 2.177-44, de 2001)

Art. 35-B. O CONSU será integrado pelos seguintes Ministros de Estado: (Incluído pela Medida Provisória nº 2.177-44, de 2001) (Vigência) (composição: vide Dec.4.044, de 6.12.2001)

I - Chefe da Casa Civil da Presidência da República, na qualidade de Presidente; (Incluído pela Medida Provisória nº 2.177-44, de 2001)

II - da Saúde; (Incluído pela Medida Provisória nº 2.177-44, de 2001)

III - da Fazenda; (Incluído pela Medida Provisória nº 2.177-44, de 2001)

IV - da Justiça; e (Incluído pela Medida Provisória nº 2.177-44, de 2001)

V - do Planejamento, Orçamento e Gestão. (Incluído pela Medida Provisória nº 2.177-44, de 2001)

§ 1º O Conselho deliberará mediante resoluções, por maioria de votos, cabendo ao Presidente a prerrogativa de deliberar nos casos de urgência e relevante interesse, **ad referendum** dos demais membros. (Incluído pela Medida Provisória nº 2.177-44, de 2001)

§ 2º Quando deliberar **ad referendum** do Conselho, o Presidente submeterá a decisão ao Colegiado na primeira reunião que se seguir àquela deliberação. (Incluído pela Medida Provisória nº 2.177-44, de 2001)

§ 3º O Presidente do Conselho poderá convidar Ministros de Estado, bem assim outros representantes de órgãos públicos, para participar das reuniões, não lhes sendo permitido o direito de voto. (Incluído pela Medida Provisória nº 2.177-44, de 2001)

§ 4º O Conselho reunir-se-á sempre que for convocado por seu Presidente. (Incluído pela Medida Provisória nº 2.177-44, de 2001)

§ 5º O regimento interno do CONSU será aprovado por decreto do Presidente da República. (Incluído pela Medida Provisória nº 2.177-44, de 2001)

§ 6º As atividades de apoio administrativo ao CONSU serão prestadas pela ANS. (Incluído pela Medida Provisória nº 2.177-44, de 2001)

§ 7º O Presidente da ANS participará, na qualidade de Secretário, das reuniões do CONSU. (Incluído pela Medida Provisória nº 2.177-44, de 2001)

Art. 35-C. É obrigatória a cobertura do atendimento nos casos: (Redação dada pela Lei nº 11.935, de 2009)

I - de emergência, como tal definidos os que implicarem risco imediato de vida ou de lesões irreparáveis para o paciente, caracterizado em declaração do médico assistente; (Redação dada pela Lei nº 11.935, de 2009)

II - de urgência, assim entendidos os resultantes de acidentes pessoais ou de complicações no processo gestacional; (Redação dada pela Lei nº 11.935, de 2009)

III - de planejamento familiar. (Incluído pela Lei nº 11.935, de 2009)

Parágrafo único. A ANS fará publicar normas regulamentares para o disposto neste artigo, observados os termos de adaptação previstos no art. 35. (Incluído pela Medida Provisória nº 2.177-44, de 2001)

Art. 35-D. As multas a serem aplicadas pela ANS em decorrência da competência fiscalizadora e normativa estabelecida nesta Lei e em seus regulamentos serão recolhidas à conta daquela Agência, até o limite de R$ 1.000.000,00 (um milhão de reais) por infração, ressalvado o disposto no § 6º do art. 19 desta Lei. (Incluído pela Medida Provisória nº 2.177-44, de 2001) (Vigência)

Art. 35-E. A partir de 5 de junho de 1998, fica estabelecido para os contratos celebrados anteriormente à data de vigência desta Lei que: (Incluído pela Medida Provisória nº 2.177-44, de 2001) (Vigência)

I - qualquer variação na contraprestação pecuniária para consumidores com mais de sessenta anos de idade estará sujeita à autorização prévia da ANS; (Incluído pela Medida Provisória nº 2.177-44, de 2001)

II - a alegação de doença ou lesão preexistente estará sujeita à prévia regulamentação da matéria pela ANS; (Incluído pela Medida Provisória nº 2.177-44, de 2001)

III - é vedada a suspensão ou a rescisão unilateral do contrato individual ou familiar de produtos de que tratam o inciso I e o § 1º do art. 1º desta Lei por parte da operadora, salvo o disposto no inciso II do parágrafo único do art. 13 desta Lei; (Incluído pela Medida Provisória nº 2.177-44, de 2001)

IV - é vedada a interrupção de internação hospitalar em leito clínico, cirúrgico ou em centro de terapia intensiva ou similar, salvo a critério do médico assistente. (Incluído pela Medida Provisória nº

2.177-44, de 2001)

§ 1º Os contratos anteriores à vigência desta Lei, que estabeleçam reajuste por mudança de faixa etária com idade inicial em sessenta anos ou mais, deverão ser adaptados, até 31 de outubro de 1999, para repactuação da cláusula de reajuste, observadas as seguintes disposições: (Incluído pela Medida Provisória nº 2.177-44, de 2001)

I - a repactuação será garantida aos consumidores de que trata o parágrafo único do art. 15, para as mudanças de faixa etária ocorridas após a vigência desta Lei, e limitar-se-á à diluição da aplicação do reajuste anteriormente previsto, em reajustes parciais anuais, com adoção de percentual fixo que, aplicado a cada ano, permita atingir o reajuste integral no início do último ano da faixa etária considerada; (Incluído pela Medida Provisória nº 2.177-44, de 2001)

II - para aplicação da fórmula de diluição, consideram-se de dez anos as faixas etárias que tenham sido estipuladas sem limite superior; (Incluído pela Medida Provisória nº 2.177-44, de 2001)

III - a nova cláusula, contendo a fórmula de aplicação do reajuste, deverá ser encaminhada aos consumidores, juntamente com o boleto ou título de cobrança, com a demonstração do valor originalmente contratado, do valor repactuado e do percentual de reajuste anual fixo, esclarecendo, ainda, que o seu pagamento formalizará esta repactuação; (Incluído pela Medida Provisória nº 2.177-44, de 2001)

IV - a cláusula original de reajuste deverá ter sido previamente submetida à ANS; (Incluído pela Medida Provisória nº 2.177-44, de 2001)

V - na falta de aprovação prévia, a operadora, para que possa aplicar reajuste por faixa etária a consumidores com sessenta anos ou mais de idade e dez anos ou mais de contrato, deverá submeter à ANS as condições contratuais acompanhadas de nota técnica, para, uma vez aprovada a cláusula e o percentual de reajuste, adotar a diluição prevista neste parágrafo. (Incluído pela Medida Provisória nº 2.177-44, de 2001)

§ 2º Nos contratos individuais de produtos de que tratam o inciso I e o § 1º do art. 1º desta Lei, independentemente da data de sua celebração, a aplicação de cláusula de reajuste das contraprestações pecuniárias dependerá de prévia aprovação da ANS. (Incluído pela Medida Provisória nº 2.177-44, de 2001)

§ 3º O disposto no art. 35 desta Lei aplica-se sem prejuízo do estabelecido neste artigo. (Incluído pela Medida Provisória nº 2.177-44, de 2001)

Art. 35-F. A assistência a que alude o art. 1º desta Lei compreende todas as ações necessárias à prevenção da doença e à recuperação, manutenção e reabilitação da saúde, observados os termos desta Lei e do contrato firmado entre as partes. (Incluído pela Medida Provisória nº 2.177-44, de 2001)

Art. 35-G. Aplicam-se subsidiariamente aos contratos entre usuários e operadoras de produtos de que tratam o inciso I e o § 1º do art. 1º desta Lei as disposições da Lei nº 8.078, de 1990. (Incluído pela Medida Provisória nº 2.177-44, de 2001)

Art. 35-H. Os expedientes que até esta data foram protocolizados na SUSEP pelas operadoras de produtos de que tratam o inciso I e o § 1º do art. 1º desta Lei e que forem encaminhados à ANS em consequência desta Lei, deverão estar acompanhados de parecer conclusivo daquela Autarquia. (Incluído pela Medida Provisória nº 2.177-44, de 2001)

Art. 35-I. Responderão subsidiariamente pelos direitos contratuais e legais dos consumidores, prestadores de serviço e fornecedores, além dos débitos fiscais e trabalhistas, os bens pessoais dos diretores, administradores, gerentes e membros de conselhos da operadora de plano privado de assistência à saúde, independentemente da sua natureza jurídica. (Incluído pela Medida Provisória nº 2.177-44, de 2001)

Art. 35-J. O diretor técnico ou fiscal ou o liquidante são obrigados a manter sigilo relativo às informações da operadora às quais tiverem acesso em razão do exercício do encargo, sob pena de incorrer em improbidade administrativa, sem prejuízo das responsabilidades civis e penais. (Incluído pela Medida Provisória nº 2.177-44, de 2001)

Art. 35-L. Os bens garantidores das provisões técnicas, fundos e provisões deverão ser registrados na ANS e não poderão ser alienados, prometidos a alienar ou, de qualquer forma, gravados sem prévia e expressa autorização, sendo nulas, de pleno direito, as alienações realizadas ou os gravames constituídos com violação deste artigo. (Incluído pela Medida Provisória nº 2.177-44, de 2001)

Parágrafo único. Quando a garantia recair em bem imóvel, será obrigatoriamente inscrita no competente Cartório do Registro Geral de Imóveis, mediante requerimento firmado pela operadora de plano de assistência à saúde e pela ANS. (Incluído pela Medida Provisória nº 2.177-44, de 2001)

Art. 35-M. As operadoras de produtos de que tratam o inciso I e o § 1º do art. 1º desta Lei poderão celebrar contratos de resseguro junto às empresas devidamente autorizadas a operar em tal atividade, conforme estabelecido na Lei nº 9.932, de 20 de dezembro de 1999, e regulamentações posteriores. (Incluído pela Medida Provisória nº 2.177-44, de 2001)

Art. 36. Esta Lei entra em vigor noventa dias após a data de sua publicação.

Brasília, 3 de junho de 1998; 177º da Independência e 110º da República.

FERNANDO HENRIQUE CARDOSO
Renan Calheiros
Pedro Malan
Waldeck Ornélas
José Serra

NOTAS DE RODAPÉ

[1] *Direito Administrativo Brasileiro*, 25ª ed., p. 172. São Paulo: Malheiros Editores, 2000

[2] *Planos de Saúde*, p. 119. São Paulo: RT, 2007.

www.ingramcontent.com/pod-product-compliance
Lightning Source LLC
Chambersburg PA
CBHW021353210526
45463CB00001B/90